传播学视角下的英语翻译策略探究

伍 澄 张学仕 著

吉林大学出版社
·长春·

图书在版编目（CIP）数据

传播学视角下的英语翻译策略探究 / 伍澄，张学仕著. -- 长春 : 吉林大学出版社，2021. 5

ISBN 978-7-5692-8425-6

Ⅰ. ①传… Ⅱ. ①伍… ②张… Ⅲ. ①英语-翻译-研究 Ⅳ. ①H315. 9

中国版本图书馆 CIP 数据核字（2021）第 119162 号

书　　名　传播学视角下的英语翻译策略探究
　　　　　CHUANBOXUE SHIJIAO XIA DE YINGYU FANYI CELÜE TANJIU

作　　者　伍　澄　张学仕　著
策划编辑　代景丽
责任编辑　闫竞文
责任校对　柳　燕
装帧设计　周香菊
出版发行　吉林大学出版社
社　　址　长春市人民大街 4059 号
邮政编码　130021
发行电话　0431-89580028/29/21
网　　址　http：//www. jlup. com. cn
电子邮箱　jdcbs@ jlu. edu. cn
印　　刷　三美印刷科技（济南）有限公司
开　　本　787mm×1092mm　1/16
印　　张　11. 25
字　　数　210 千字
版　　次　2021 年 5 月　第 1 版
印　　次　2021 年 5 月　第 1 次
书　　号　ISBN 978-7-5692-8425-6
定　　价　58. 00 元

前言 Preface

英语在世界上的使用范围最为广泛，因此，很多国际交流的官方语言是英语，英语在国际交流与合作中发挥了巨大的作用。如今，经济全球化已经是大势所趋，国际交流越来越频繁，英语作为一种国际化的语言，将其内容和含义全面地翻译出来对非英语母语的交流者非常重要。但是，由于英语和其他语言之间存在很大的文化、制度、风俗等方面的差异，只有了解英语文化和译语文化才能将英语翻译工作做到位。从语言维度说，翻译是一种跨语言交际活动；从文化维度说，翻译是一种跨文化传播活动。因此，长期以来，翻译活动一直传播着政治、经济、文化等各方面的内容。传播学对人类的行为和语言进行研究，人类行为和语言发生的过程以及之间形成的社会关系都会向周边传播出一些信息，传播学就是研究其中规律的科学。人与人之间的交际就是信息的传播过程，因此，传播学对人类语言的研究涉及如何使用语言符号进行信息交流。英语翻译是一种将英语转换为译语的活动，从传播学的角度出发，可以从内在规律方面找到一些英语翻译策略。

在英语翻译的过程中就渗透着传播学的规律。英语翻译需要考虑译者、信息、载体、读者等几个方面的因素，这也是传播活动的基础要素。因此，传播学的发展为英语翻译提供了很多科学依据。英语翻译非常重视互动性，翻译能使译者和读者之间形成一种互动的关系，因此译者和读者之间的单向或者多向互动对译文的质量也存在很大的影响。传播学研究翻译要素之间的关系，使翻译要素能够相互作用、相互制约，从而为翻译活动服务，以呈现更高质量的译文。英语翻译已经发展了多年，传播学理论在英语翻译中的应用正可以为英语翻译策略提供一种新视角，从而使人们对英语翻译的内在本质有更深刻的认识，使英语翻译质量达到新的高度。

本书对传播学在不同英语翻译文本中的翻译策略进行了深刻研究。首先，简单介绍了传播学与英语翻译的基础理论、相互发展及得到的启示；其次，重点点明了跨文化传播在英语翻译中的重要性，对其文化差异、文明对话、模式构建、要素、传播属性等做出了系统阐述；再次，对基于传播学的不同类型英语翻译的策略运用了大量篇幅进行研究，具体包括旅游英语翻译策略、科技英语翻译策略、商务英语翻译策略、法律英语翻译策略与新闻英语翻译策略五个方面；最后，详细地分析了英语翻译人才培养的策略，包括专业建设中的问题、定位、任务及具体实施策略。基于此，本书特点十分鲜明，下面对此进行分析。

第一，综合性。本书不仅阐述了关于传播学的基本知识，而且将传播学与翻译学结合起来进行了研究，它将有关英语翻译的内容进行了重新梳理、研究，把英语翻译的策略与传播学结合起来进行实践应用，对提高英语翻译的质量大有帮助。

第二，科学性。本书汲取了众多英语翻译的研究成果，同时将不同文本类型的英语与传播学进行交叉融合，使英语翻译理论更加饱满，英语翻译策略更为科学、有效。

第三，学术性。本书内容搭配丰富、结构完整、逻辑严密且具有很强的学术性，既将每一个类型的英语翻译知识进行了解析，又突出了传播学在其中的作用，对英语翻译策略的选择具有重要的指导意义。

本书涉及的研究内容较多，资料收集工作繁杂，加之作者的水平有限，书中难免存在不足之处，对此，诚恳期待各位专家、学者提出宝贵意见。

目录 Contents

第一章 传播学与英语翻译概述

从传播学的角度看，英语翻译是一种传播活动，将英语翻译建构在传播学框架之下，可以为其找到更为有效的突破口。本章即从传播学与英语翻译的基础知识入手，进一步探讨二者的相互发展以及前者对于后者的启示。

第一节 传播学的基础理论

一、传播的基本概念与类型

（一）传播的基本概念

传播学中的“传播”一词，是英语 communication 的对译词。何谓传播？关于它的定义有许多。1976 年，美国学者丹斯（Dance）在《人类传播功能》一书中，统计到当时关于传播的定义已达 126 种之多。概括地说，这些定义有以下几种类型。

一是“共享”说。持此说法的学者强调传播是传者与受者对信息的分享。如施拉姆（Schramm）认为：“我们在传播的时候，是努力想同谁确立‘共同’的东西，即我们努力想‘共享’信息、思想或态度。”①

二是“交流”说。强调传播是有来有往的、双向的活动。如美国学者霍本（Hoben）认为：“传播即用言语交流思想。”②

三是“影响（劝服）”说。强调传播是传者欲对受者（通过劝服）施加影响的行为。如美国学者露西（Lucy）和彼得森（Peterson）认为：“传播这

---

① 张国良．传播学原理［M］．上海：复旦大学出版社，1995：3.

② 戴元光，邵培仁，龚炜．传播学原理与应用［M］．兰州：兰州大学出版社，1988：35.

一概念，包含人与人之间相互影响的全部过程。”①

四是“符号（信息）”说。强调传播是符号（或信息）的流动。如美国学者贝雷尔森（Berelson）认为：“所谓传播，即通过大众传播和人际传播的主要媒介所进行的符号的传送。”②

这些定义虽然各不相同，但它们之间还是存在一定联系的。首先，它们都承认传播的内容是信息；其次，都肯定了传播者、受传者和信息是传播的基本条件；再则，都是把传播看成人类的社会本质，强调目的性。而不同点恰恰是从传播的不同功能出发的。从信息科学的理论来看，传播是信息的传递或信息系统的运行。

郭庆光将社会学视点和信息科学视点结合起来，为传播学中的传播概念下的定义是：所谓传播，即社会信息的传递或社会信息系统的运行。他强调在把握这个定义时，还应该注意这么几个方面：①社会传播是一种信息共享活动；②社会传播是在一定社会关系中进行的，又是一定社会关系的体现；③从传播的社会关系性而言，它又是一种双向的社会互动行为；④传播成立的重要前提之一，是传受双方必须要有共通的意义空间；⑤传播是一种行为，是一种过程，也是一种系统。③

（二）传播的五大类型

1. 人内传播

人内传播又称自身传播、自我传播。人内传播是个人接受外部信息并在人体内部进行处理的活动。传播者与传播对象都是同一个人。个人向自己发出信息、自己接受和处理信息的过程，即一个人对社会、家庭等发生的某一事件、问题、现象进行观察、思考，进而做出判断，最后决定自己行为、态度和思想的过程。人内传播具有典型的系统性，因为人体本身就是一个完整的信息系统，它既有接收装置（感官系统），又有传递装置（神经系统）；既有处理装置（记忆、思维系统），又有输出装置（语言、动作、表情等）。人内传播正是由相互联系、相互制约的各组成部分所构成，并执行个人信息处理功能的有机整体。

2. 人际传播

人际传播的概念有广义和狭义之分。狭义的仅指个人与个人之间面对面的

---

① 张国良．传播学原理［M］．上海：复旦大学出版社，1995：5.

② 张国良．传播学原理［M］．上海：复旦大学出版社，1995：5.

③ 郭庆光．传播学教程［M］．北京：中国人民大学出版社，1999：5-6.

信息交流，亦称为亲身传播，它还包括利用电话、书信等媒介协助进行的传播。人际传播是由两个个体系统的相互联结所形成的新的信息系统。广义的则包括群体传播和组织传播在内，形成了亲身、群体、组织三个人际传播的层次。[①] 人际传播首先是社会信息的传播，是社会所有成员都参与的传播。就亲身传播而言，是个人之间的信息沟通，是面对面接触时发生的互动行为，同样具有社会性。在人们的社会交往中，人际传播是普遍的、大量的、常见的。这类传播出自社会的需要，因为社会成员之间需要建立和维持相互之间的关系，协调地从事物质生产和精神交往等活动。人际传播是人类传播活动中最古老也是最基本的形式，一切其他形式的传播无不以人际传播为基础，都是人际传播的某种延伸或变形。连当代影响力最大的大众传播，也离不开人与人之间的交流与沟通。人际传播的特点不仅在于通过传播向他人展现自我，在他人反应中认识自我，减少自我估价的不确定性，而且还可以在频繁的运动中了解他人，进而了解社会。人际传播和人际关系有着密切的联系。社会成员之间的各种关系，如亲友、邻里、师生、同事、上下级之间的联系，都需要经常不断的人际传播才能得到建立、维系和发展。还有许多短暂的不那么固定的人际关系，亦即常常要和陌生人打交道，如医院初诊时的病人和护士、医生，购物时的售货员和顾客，也是人际传播要研究的课题。

3. 群体传播

所谓群体传播就是将群体的共同目标和协作意愿加以连接和实现的过程。[②] 这个过程形成群体意识和群体规范。群体传播是群体生存和发展的一条基本的生命线。在群体传播中，存在以下几种常见的机制。

（1）群体意识

群体意识就是参加群体的成员所共有的意识。它包括：

①关于群体目标和群体规范的合意；

②群体感情，这里不仅指各成员的密切接触和协作而产生的成员间的个人感情，更指群体成员主观境界的融合（精神上的一体化）所产生的“我们”的感情；

③群体归属意识，即群体成员因从群体活动得到某种程度的需求满足而对群体所产生的认同感。

这几个要素越具备，群体意识越强，反之越弱。群体传播形成群体意识，这种意识一旦形成，也会对群体传播产生重要的影响。群体意识的影响主要体

---

① 薛可，余明阳．人际传播学［M］．上海：同济大学出版社，2007：8.

② 许静．传播学概论［M］．北京：北京交通大学出版社，2013：54.

现在对成员个人态度和行为的制约作用上。

（2）群体规范

群体意识的核心内容就是群体规范。群体规范指的是成员个人在群体活动中必须遵守的规则，在广义上也包括群体价值，即群体成员关于是非好坏的判断标准。[①] 一般认为，群体规范的功能包括以下几项：

①协调成员的活动、规定成员角色和职责以促进群体目标的达成；

②通过规范的共有来保证群体的整体合作；

③通过提示共同的行为方式以维持群体的自我同一性；

④为成员个人提供安全的决策依据。

在群体传播中，群体规范的主要作用在于排除偏离性意见，将群体内的意见分歧和争论限制在一定的范围之内，以保证群体决策和群众活动的效率。群体规范不仅对群体内的传播活动起着制约作用，而且对来自群体外的信息或宣传活动的效果具有重要的影响。群体归属意识越强，对群体忠诚度越高，对与群体规范不相容的宣传越能表现出较强的抵制态度。

（3）群体压力

群体压力，即群体中的多数意见对成员中的个人意见或少数意见所产生的压力。在群体压力下，个人和少数意见一般会对多数意见采取服从态度，进而产生了“个人服从集体、少数服从多数”的群体活动原则。然而，对多数意见的服从决定并不是在任何情况下都是基于理性判断做出的，在不少场合，群体压力也会带来错误的判断，形成对多数意见的盲目服从。

二、传播学的不同学派及其理论

（一）经验学派

经验学派在广义上是指主要以经验性方法来考察社会现象的社会科学流派，它与主要以思辨性方法来考察社会现象的流派相区别。在传播学中，经验学派主要指以美国学者为代表的主流传播学。

顾名思义，经验学派的研究方法是指从经验事实出发，以实证考察为依据来进行研究，是一种运用可观察、可测定、可量化的经验材料来对社会现象或社会行为进行科学研究的方法，属于社会科学领域中被广泛应用的一种研究方法。它形成于 19 世纪后期，运用于传播学研究的时候已经比较成熟。

受西方社会广为流行的实用主义思维方式和哲学流派的影响，经验学派除

① 孟维杰．社会心理学［M］．哈尔滨：黑龙江大学出版社，2014：282.

了在方法论上主张实证研究立场，在学术视角上，他们秉持多元主义的社会观和实用主义的研究目的，把媒介看成现代民主的新工具和社会调整的决定性机制，从而形成一种鼓吹西方社会制度价值和现存事物状态的再生产的理论。他们的研究着眼于考察传播过程中影响传播效果的因素和机制，从而探索如何通过传播来达成个人或群体的目标，这使得传播效果问题一直是经验学派关注的焦点和重心。

以美国的经验学派为代表，他们认为西方资本主义社会并不是阶级支配的社会，而是一个由多方利益相互竞争、相互制衡的多元社会。强调传播媒介及结构只是社会的众多单元之一，它在国家、政党以及其他压力集团面前保持相对的自治性。受众并不会无条件地接受大众传播的影响，而是根据自己的需求和喜好自由地选择接触各种媒介，自主地决定赞成、反对、顺应或挑战的态度。因此，经验学派传播研究的主要任务就是通过把握传播规律和改进传播机制来实现更有效率的社会管理，于是也被称为“管理研究”。他们的研究往往得到政府组织或财团的赞助，因此最终是以维护现存制度为目的的修正性工作。

（二）批判学派

传播学批判学派，是 20 世纪六七十年代以后在欧洲兴起的传播学流派，旨在对现存的资本主义社会做出反省及批判。批判学派主要由法兰克福学派、文化研究学派和政治经济学派等派别组成。批判学派的关注点是资本主义社会里信息的生产、分销及消费过程，研究重点是传播如何配合资本主义的延续、再生及扩大。批判学者关注的不仅是传媒的运作，更重要的是它们对生产力、生产关系、社会阶级及霸权文化等的影响。这一派认为，现时的社会是阶级社会，任何的传播研究都不能离开阶级分析。

法兰克福学派关注国家主义和资本势力语境中的媒介权力问题，注重对大众传媒的政治经济学和文化病理学的宏大批判。揭露大众传播媒介及其所制造的“文化工业”是如何作为帮凶为资本主义国家意识形态服务的本质。法兰克福学派通过发现“文化工业”，关注文化领域的异化现象，认识到“大众文化”不过是一个奴役人、压迫人、束缚人的东西，是一种精神的枷锁和文化的鸦片。文化工业是打着文化标签的工业，是以市场化为导向、以工业化为模式、以营利化为目的的工业，而不是为生命赋予意义、为精神提供家园的文化。在发达的资本主义社会里，这种文化工业扮演了高度控制性的角色，成为束缚人的精神桎梏。

文化研究学派也称“伯明翰学派”，兴起于 20 世纪六七十年代，克服了法兰克福学派的文化悲观主义倾向，继承了格拉姆西（Gramercy）、阿尔都塞（Althusser）等新马克思主义者的观点，反对简单的“经济基础还原论”，主张从上层建筑和意识形态的相对独立性出发来研究资本主义社会的大众传播。其视野中的媒介权力，变成了一种意义和快感的经济学，关注的是媒介文本意义产生的要素及受众对媒介文本的能动解读能力。

政治经济学派从经典马克思主义的立场出发，强调社会结构及生产力对传播活动的影响，从媒体的所有权和控制权入手分析，认为大众传媒是一种特殊的资本主义生产部门，统治阶级获取了对知识、信息和社会形象传播的控制权，因此他们要通过媒体来保障利益和带来这种利益的社会制度。他们的研究视角又可以划分为自由主义、马克思主义和制度经济学三大类型。政治经济学派关心的焦点问题是现代媒介高度集中和垄断的趋势及其带来的社会后果。该派认为这种高度集中和垄断将导致文化生产和传播受制于垄断资本，大众传媒也将沦为维护垄断资本的利益、意识形态和统治权力的工具。他们批判的矛头主要指向资本主义大众传播的内在矛盾和制度的非合理性，对传播内容本身并未给予更多关注，这是和研究学派不同的地方。

（三）技术控制论学派

技术控制论学派的理论中，控制论思想起着核心作用。控制论重视的是原因对结果的决定作用。技术控制学派关注媒介本身及媒介形态变化如何影响人和社会的发展。例如，维纳（Wiener）的控制论。维纳认为“只能通过消息的研究和社会传播设备的研究来理解社会”[①]，他把传播看作社会的神经系统，一种结果的原因。从一个人到一个社会都是一种系统，系统的存在和维系，在于信息的流动。他用“反馈”的概念说明信息流动的特点，即通过不断的信息“接受—反馈—接受”调整自身，保持人或社会的存在与发展。如果一个系统与其外在环境不能或很少发生交换关系，这个系统就可能处在内部混乱、解体的境地。因而，开放的系统肯定有积极的信息交换，不断注入原来没有储备的信息。他的这个观点补充了申农（Shannon）传播模式所缺少的“反馈”这一环节。他采用了德国物理学家克劳修斯（Clausius）研究热力学时提出的“熵”的概念。熵，表现为自然的冗余、信息的丢失、噪声、误差或失真。只有通过信息的交流，获得负熵，消除无序，才能够克服熵的破坏趋势。因而，熵是对一个系统的信息组织水平的度量标准。

① ［美］维纳．控制论［M］．郝季仁，译．北京：科学出版社，1963：58.

第二节　英语翻译概述

一、翻译的性质

正因为人们对翻译有着林林总总的定义，所以对其性质的认识也存在分歧，如翻译是科学、翻译是艺术、翻译是技能、翻译是操作活动、翻译是语言活动、翻译是交际活动等，其中最具代表性的就是科学与艺术之争，即“科学派”和“艺术派”。

从不同学科透视翻译，其内涵和外延各不相同。从语言学的角度看，翻译是一种语际转换活动；从文艺学的角度看，翻译是一种艺术再现或再创造活动；从美学的角度看，翻译是一种审美实践活动；从文化学的角度看，翻译是一种跨文化交际活动；从心理学的角度看，翻译是一项极为复杂的心志活动；从思维学的角度看，翻译是一种思维转换活动；从信息论的角度看，翻译是一种信息的解码与重新编码活动；从符号学的角度看，翻译是一种符号阐释活动。纵观各家之言，翻译终究是一种涉及两种语言、文化的交际活动。从较低的层次上讲，翻译是一门符际转换技术；从较高的层次上讲，翻译是一门双语转换和表达的艺术，是需要译者具备艺术家那样高超创造才能的艺术。①

译界之所以长期存在“科学”与“艺术”之争，归根结底，是许多人混淆了“翻译”和“翻译学”这两个基本概念。翻译作为人类的一种语言实践活动，是译者创造性地理解、转换和表达原文思想内容的行为，而“创造性”正是“艺术”这一概念的应有之义。因此，翻译属于艺术而非科学。一直以来，中西方对于翻译理论或翻译（科）学的名称持有争议，如汉语中的翻译研究、译论研究、翻译科学、翻译学、译学、译学研究等，英语中的 science of translation（翻译科学）、translatology（翻译学）、translation studies（翻译研究/翻译学）等。1972 年，翻译研究学派的创始人霍姆斯（Holmes）提出了翻译学的三个分支的构想②，即描写翻译学（Descriptive Translation Studies）、理论翻译学（Theoretical Translation Studies）和应用翻译学（Applied Translation Studies）。此后，不同的翻译理论家都采用这一模式来阐释或拓展各自的翻译

① 曹明伦．翻译之道：理论与实践［M］．保定：河北大学出版社，2007：118.

② 杨元刚，赵巧云，余承法．新编汉英翻译教程［M］．武汉：华中师范大学出版社，2012：5.

研究，翻译学作为一门独立学科的地位才得到学界的广泛认可和接受。

区分了“翻译”和“翻译学”两个概念之后，可以得出如下结论：翻译是涉及两种语言艺术的再创造活动，翻译既是艺术又是科学。说翻译是科学，因为它涉及思维和语言，反映了存在与认识、主体与客体的关系，这种关系可用受一定规律支配的语言加以描述，翻译有科学规律可循，所以是科学。说翻译是艺术，是因为翻译是译者对原文再创造的过程。译者不可避免地带有自己的主观色彩，有其自己的独创性。

翻译学是观察、描写、解释翻译活动中客观规律的学问，是一门社会科学而非艺术。当然，翻译过程中有一些共性不容变动，有一些共同规律必须遵守，有一些基本的翻译方法和技巧必须经常运用，这表明翻译艺术带有一定的科学性，但科学性并不等于科学。

二、英语翻译的影响因素

（一）译者风格

翻译就是基于原作品的意思进行再创造，在这种再创造的过程中，翻译的主体会不由自主地将自己的翻译风格带入作品中，从而会出现同一原作有不同韵味的译文，这种“不同韵味”，即为译者风格。从广义上讲，译者风格是指译者在翻译过程中表现出来的个性，主要是语言运用的特点。由于译者之间不同的文化素质及语言习惯，其译作也会呈现出不同的风格。

从理论上讲，翻译就是将一种语言等量转化成另一种语言的过程，等量即为等值，译者的任务就是使译作在内容、文体及风格上与原作保持高度一致。但是，在多数情况下，译文也只能做到与原作相似，而做不到完全一致。

首先，不同的翻译方法反映出不同的译者风格。翻译标准决定着译者采取什么样的翻译方法，而不同的翻译方法就会使译作展现出不同的文体风格。有的译者为了使译作更加贴近原作而采用直译的方法，而有的译者就选择意译的翻译方法使译作呈现出完全不同于原作的风格形式，也有些译者在译作中交替使用直译和意译的方法，使译作充分体现出译者的翻译风格及习惯。由此可见，基于不同的翻译方法，译者风格大有用武之地。

其次，译者风格的互补。只要是翻译都具有科学风格和艺术风格，科学风格偏向于逻辑思维，而艺术风格偏向于思想感情。这两种风格完美结合的译作是真正的艺术品，既能表达出原作的中心思想，又能使这种思想融入译者感情，这样的译作自然会引起读者的共鸣。

（二）翻译逻辑

翻译是一种包括思维和表达过程的高级脑力劳动，它经过对原文的文字理解以及对原文思想内容的理解，用源语进行思维并将所理解的内容形成一个概念或意象，再用译语进行思维而形成概念或意象，最后用译语将这一概念或意象表达出来。翻译的全过程都离不开逻辑。

第一，理解原文离不开逻辑。理解原文是一个极其复杂的思维过程。逻辑对于翻译，较之于写作，显得更为重要。这是因为写作时仅仅是思维和表达过程需要运用逻辑。翻译时不仅在思维和表达过程中，而且在理解原文的过程中也要运用逻辑思维。另外，其间必须运用全部知识、经验和智能对原文进行推理、分析、理解，才能获得原文所表达的含义。理解一个句子必须经过语义辨析、语法分析和逻辑分析三者的相互作用。对于和汉语没有亲缘关系的英语而言，逻辑分析尤为重要。

第二，分析结构离不开逻辑。一般来说，语法分析有利于解决很多有关原文语言结构理解的问题，但有些问题仅靠语法分析是不行的，还必须借助逻辑分析。

第三，准确表达离不开逻辑。经过逻辑分析后，对原文得以正确理解，接着则进入怎样用译语准确表达的阶段。由于英汉民族的历史文化背景、传统习惯和思维逻辑不同，反映在语言表达形式上就有很多方面的差异。翻译时译文必须遵守译语的逻辑表达习惯和顺序，译文读者才能理解，才能获得与原文读者同样的感受。

第四，检查译文离不开逻辑。逻辑是译者检查原文理解是否正确、译文表达是否得当的一个重要手段。合乎逻辑的译文虽不一定正确，但不合乎逻辑的译文可以确定在理解或表达方面有误。

三、英语翻译的原则

（一）基本原则

1. 忠实

早在严复之前的东晋时期，佛经翻译大师道安就提出了“五失本，三不易”之说，开创了中国翻译理论先河，现在已经成为举世公认的佛经翻译原则。他也曾就翻译标准提出了“案本而传”的理论：“逐案本而传，不令有损言游字；时改倒句，余尽实录也。”[①] 即按照原文的本意翻译，这样可以不失原义；除了偶尔改变原文的词序，应尽量将原文忠实翻译。

2. 神似

傅雷在评论何为好的翻译时，说道：“以效果而论，翻译应像临画一样，所求的不在形似，而是神似。”[②] “神似”古语出自东晋顾恺之的人物画论。传说顾恺之画人物几年不画眼睛，原因就是他认为“传神写照，正在阿堵中”[③]，即人物的神采精妙之处，都在这个眼睛上，不可轻易画就。后来这个“传神写照”便被沿用于翻译理论中，指对原文内容的准确传达和形式的灵活模仿。后被翻译大家林语堂首次引用作为翻译的标准，再经由朱光潜的“近似”、傅雷的“神似”，最后发展为钱钟书的“化境”。

（二）交际原则

纽马克（Newmark）在《翻译问题探讨》（*Approaches to Translation*）一书中提出了交际翻译和语义翻译的概念。交际翻译试图使译语（译文）对译语（译文）听众（读者）产生的效果尽可能等同于源语对源语听众产生的效果。语义翻译为了表现原文确切的语义，译语（译文）应尽可能接近原文的词汇和语法结构。

交际翻译通常是以目的语听众（读者）的需求为导向的。以交际翻译为目的的译者会把源文本作为信息而不是一连串的语言单位，将保留有关源文本的原始功能，并将源语所要表达的效果传递给听众。在交际翻译指导下，译者有权改正、调整源语的逻辑关系，以简明词汇替代繁词、删去重复赘述、明晰含糊不清的语义、更改土语行话的表达；译者还可以更正源语讲话者的口误。而在语义翻译中，译者必须抓住原文的词句、搭配、结构等，亦步亦趋地翻译，全面地保持原文的语义及表达形式。相较之下，交际翻译旨在使目的语听众更好地接受源语讲话者的内容，理解源语的表达效果。交际翻译要求译者可以重组句子，使用译语中常见的词汇和词语搭配，做到译语表达地道流畅，简明易懂。因此，使用交际翻译的译语会更流畅、简洁，适应于某一特定语域。

---

① 罗新璋，陈应年．翻译论集［M］．北京：商务印书馆，2009：27.

② 罗新璋，陈应年．翻译论集［M］．北京：商务印书馆，2009：623.

③ 刘义庆．世说新语译注［M］．上海：上海古籍出版社，1996：606.

（三）美学原则

1. 形象美

任何一类翻译，都需要形象思维。形象思维的特征是形象性、概括性、求真性以及创造性，并以创造性为其核心和根本。译者的显像过程是语言表述的显像结构—联想和想象—产生鲜明的意象—获得形象的感受—翻译表达。对原文的形象美，译者应尽量在译文中进行生动形象的等值转换。译者如缺乏形象思维的美感，其译文定会生硬呆板，错误迭现，形容枯燥，味同嚼蜡。译者通常可以按以下三条原则对原文形象美进行转换：保留原文形象直译，寻求形式对等；更换原文形象换译，寻求功能对等；省略原文形象补偿意译，寻求信息内容对等。

2. 形式美

形式是语言的外壳，不同的语言形式、结构、词序、语序等表达不同的语言内容和含义，体现不同作者的不同风格，并暗示着不同的内部逻辑关系，因此原文的形式美并不局限于字句的表面结构，还衬托着一种逻辑美。译者应发掘原文的内涵，不要随意更改调动原文的形式结构，最大限度地保留原文的形式整饬美。英语的平行结构形式对称，具有一种形式美、结构美、整饬美，汉语的对偶句讲究字数对等，结构工仗，语法对称，同样具有一种形式美、结构美、整饬美。译者可用汉语的对偶句来翻译英语的平行结构，这样原文的形式美在译文中便能得以充分体现。

四、英语翻译的一般步骤

（一）对原文的分析理解

1. 对原文词语-短语层次的分析理解

英语词汇形态特征比汉语明显，如现在分词加-ing，过去式和过去分词加-ed，副词加-ly 等。虽然英文词不能单凭其形态来判断，但在大多数情况下是可以辨别出词的词性的。这些词语在句中所充当的成分相对比较固定，如名词、名词性词组一般作主语、宾语、补语，而动词、动词性词组主要做谓语等。初学翻译，很多人容易忽略语法的重要作用。只有正确辨别了句子中词语的词性、所充当的成分，才能为下一步正确地理解句子，尤其是理解从句错综复杂的英语长句打下坚实的基础。

2. 对原文分句-句子层次的分析理解

英语的句子是在分句基础上通过句法手段衔接在一起的语义连贯的语言片

段，连接机制非常明显，如原因从句一般由 that 引导，修饰前行定语；时间状语从句一般由 when 引导，修饰表示时间的名词或词组；地点状语从句由 where 引导等。这一步分析的主要任务是要弄清楚哪个分句修饰哪个成分，否则很容易张冠李戴，误解原文的意思。英语句子属于扩展型，通过加入修饰成分和分句，一个简单的句子可以扩展为结构复杂的长句。在做句子层面的分析时，有必要先紧缩句子成分，找出句子主句的主干，也就是主句的主谓、主谓宾等结构，再逐层分析从句的主谓。

3. 对原文语段-篇章层次的理解分析

前两个步骤——词汇和句子的理解都可以借助语法，而这一步，单纯的语法分析就远远不能胜任了。词汇和句子层次都可以看作微观的分析，即应用一种从下至上的分析方法（down-top analysis）；而语段和篇章的分析则要应用一种从上至下的分析法（top-down analysis），需要译者有一个宏观的视角，从整体把握篇章的逻辑脉络、思维发展和文体风格。在词汇、句子层次无法绕过的许多难题，如果能从篇章层次分析，常常能够迎刃而解。如根据文章的文体、感情基调，可以确定词汇的具体色彩和释义。

（二）翻译的表达

1. 选择用词

翻译表达的第一步是选择用词。译者首先要进行词义辨析，之后才能确定用哪一个具体的汉语词汇来表达原文的意思。词义辨析是译者最重要的基本功，是译文成功与否的基础，也是译者永远都需面对的难题，因为英文是一种适应性极强的语言，在词汇上突出地表现为一词多义。英语词的含义丰富，范围广泛，独立性小，需要依靠上下文和语境来判断。词义辨析最常用的三种方法是词语语义关系辨析法、语法层次关系辨析法和搭配关系辨析法。

第一种方法，词语语义关系辨析法，即根据词语的形态结构和组成成分进行分析，将单词分解到最基本的词素，通过推演融合各个词素的基本意义，归纳得出词汇的基本含义。第二种方法，语法层次关系辨析法，即对某一疑难词进行语法关系（层次和范畴）上的分析，也就是在某一语法层次中进行单词语法上的语义变化。这是分析英语这样的形态语言最常用的词义辨析方式。第三种方法，搭配关系辨析法，也就是通过词在句中的搭配关系来判断词的含义。第一种和第二种方法只能得到单词最基本的意思，不能直接放到句子的语境中使用。由于英语词一词多义的特征和独立性小的特点，词语往往需要搭配关系来确立具体的词义，进而建构句子、语段乃至篇章。如单词“heavy”本意是“沉重的或某一物质的重量”，但在不同的搭配中，意义又各不一样，甚至常常与字面意思完全不同。

2. 调整句型

句子是最基本的逻辑意义单位，对句子的正确理解和表达与否会影响到整个语段和篇章的连贯性和整体性。厘清句子逻辑、精确理解句子含义和正确表达句子是整个翻译过程中至关重要的一步。

3. 终端检查

英语翻译的最后一个程序是终端检查，也就是逐字、逐句地校对检查，看看是否有漏译、错译，是否英文原意都如实地翻译到了译文中。这一步可以采取的一个有效办法是回译法，检查翻译出来的汉语是不是可以回译到原来的英文，或者至少回译的英文内容与原文无二。如果回译的英文与原文差别太大，译者便需要再次从头推敲，看看是在哪一个翻译环节造成了这样的差异。其次便是要再次推敲译文的词语搭配、句式结构，使得译文的行文更加流畅通顺，更加符合原文的风格和精神。

第三节　传播学与翻译学的相互发展

一、传播学与翻译学的历史演进与相互融合

从传统上看，人们将翻译仅仅视为一种技艺，并没有将它提到学科的高度。这是因为，翻译作为一种社会交际手段，虽然历史悠久，但并没有与大规模社会生产，特别是科学、技术的发展挂钩。在远古社会，翻译仅仅是供使役的一种谋生之道，其社会交际功能非常有限。人类社会进入 19 世纪后半期以来，科学技术飞速发展，语言接触突破了宗教和外事的狭窄领域，自然科学和社会科学也都有了长足的进展。20 世纪 50 年代以后，随着世界科学技术的飞速发展，语言的社会交际功能大大增强，语言接触扩大化、多层次化，进入了多学科发展的新时期。语言学无论是在理论深度、科学性、系统性以及有待开拓的前景方面均不可同日而语。近几十年来对翻译的科学研究影响最深的是索绪尔（Saussure）关于语言符号的理论、描写语言学关于语言结构分析的理论、功能语言学观以及转换生成语法关于深层结构和表层结构的理论。①

19 世纪后半期以前，有关翻译的论述大多是文学、哲学大师们的哲学-文

① 刘宓庆．当代翻译理论［M］．北京：中国对外翻译出版公司，2005：15.

艺美学思辨，他们关注的大都是个人行文风格方面的问题。中国宗教经书的译论达到了很高的水平，特别是在文与质的美学命题和翻译方法论及翻译原则的论证方面，为我国及世界翻译史留下了十分珍贵的文献。中国的传统翻译学理论主要根植于中国的古典哲学-美学思想的土壤之中。中国译论很早就提出文与质、信与美的问题，即内容与形式的美学命题，嗣后直至严复的“信达雅”，绵延达千年。这个命题为什么有这么强的生命力？中外各有其不同的哲学-美学渊源为之提供思想和理论依据。可以说，中国的古典文艺美学思想比西方早一两百年。

中国传统翻译理论在范畴研究及方法论中都借助于中国古典美学。中国古典美学在漫长的历史发展中形成了自己独特的理论范畴和研究手段，即文、质、神、形、气、志、风骨、意境、神思、比兴、虚实、变通等。这些范畴，广泛涉及翻译作为艺术创造的一种特殊形式的审美规律、审美标准、审美主体的心理因素以及翻译美学的社会功能等问题。几乎在每一个命题范围之内都要求人们进行悉心周密的科学研究，以汲取其精华，剔除其糟粕，立意于开拓、创新。

当人类前进的步伐迈入 21 世纪，科学探索和人文精神从矛盾走向沟通，东西方文化由冲突转为融合，各个学科之间的交叉渗透日益凸显。作为研究翻译的独立学科，翻译学正是在这种时代性的学术氛围内孕育、诞生并且茁壮成长起来的。与此同时，人们越来越清楚地意识到，翻译活动作为人类社会历史悠久的一种客观存在，如果仅仅被看作是某一门学科的研究对象，进而把握其各个层次，廓清其全部规律，几乎是件不可能的事情。

翻译不只是一项纯粹的语言转换活动，也不仅仅是一门创造性的艺术，它还涉及各种文化因素的传承与交流。语言是文化的物质载体，艺术是文化的集中表现。作为一门语言艺术，翻译也自然带有鲜明的文化色彩。离开了翻译活动，各民族文化的发展与交融几乎是不可想象的。翻译这种文化现象之所以能够引起人们广泛的兴趣，正因为翻译活动是在一定社会背景下发生的交际过程，它不仅受制于文化，同时又对文化产生积极的影响，因而翻译被看成是重写，是一种有明确目的的社会行为。在文化交流日益频繁的今天，翻译活动对于世界各国之间的理解和沟通，对于全人类文明的建设，都起到了不可替代的作用。因此，全面客观的译论探讨既要着眼于翻译活动本身，也应关注其外围的大文化系统。

在人类文明发展史上，翻译一直是传播外来知识、发展本国文化的重要渠道。有学者指出，人类的翻译经历了口语翻译阶段、文字翻译阶段以及文化翻译阶段。[①] 人们当前所处的正是文化翻译阶段，在这一阶段，翻译已经成为民族间全方位的文化交流。有鉴于此，21 世纪中国翻译学应该站在对 20 世纪乃至有史以来中国及世界各国翻译学传统进行文化批判的基石上，对现实的翻译问题进行文化的分析，探求与新文化发展相符合的翻译学道路。通过考察翻译史上的文化交流，进一步树立起翻译的文化观[②]。这将对传统的翻译理论产生巨大的冲击，拓宽译学探讨的视野，从而促进翻译理论体系的构筑和完善，为新兴的翻译研究发展成一门严肃学科提供重要的契机。

传播学是与人类一起产生和发展的，但作为一门科学来研究，是 20 世纪初才由西方学者发起的，但其发展速度很快。从历史上来说，第一个传播技术是修辞学，希腊的亚里士多德和中国的韩非子都是这方面的先驱。但作为现代社会科学的传播学是从 20 世纪开始的，它的基础学术流派是在 20 世纪 40 至 60 年代形成的。控制论模式是传播学的第一个基础流派，它在象征化水平上和内容传递机制上表明传播是一个过程，同时也是这个过程的结果。

知识和信息传播速度的增长和数量的扩大是 20 世纪最引人注目的社会加速度现象，涉及人类活动的各个领域。对一个信息或一种信息传播行为的解码，首先就假定它进入什么信息传播范围，并与这个范围建立一种关系。控制论的问世提出了一个问题：大众媒介带来的信息瀑布对信息传播的主体——人产生什么样的作用？因为传播动作本身总是和其他东西相互关联的，如社会经济基础、文化符号系统、媒介的技术特性、对信息起扩散放大和中继站作用的体制等等。传播学的学术使命是研究事务的流量状态和动态中的复杂性，控制论是第一种方法论式的考察方式，使人们在信息面前获得更多的自由，有更多的责任心和参与意识。

与控制论同时问世的另一种思想方法是系统论。贝塔朗菲（Bertalanffy）在 1933 年发表了代表作《系统理论》。系统论是要定义出系统的边界并把系统模型化，以便认同其中重要的组成因素和这些因素之间的反映类型，最后决定个体和整体的联系。[③]

美国学者从 20 世纪 40 年代开始探索成型的经济-功能主义学派，在部分西欧国家和大部分第三世界国家拥有更大的学术影响。这个方法论在讨论与媒介、职业新闻机构、记者职业群体的关系时都有很强的解释力。

在知识领域，结构主义是 20 世纪中叶的一个学术高峰。结构主义从语言

---

① 尚宏．文化传播与翻译［M］．开封：河南大学出版社，2008：2.

② 张柏然，许钧．译学新论［M］．上海：上海外语教育出版社，2008：13.

③ 贝塔朗菲．一般系统论［M］．秋同，袁嘉新，译．北京：社会科学文献出版社，1987：51.

学出发扩展到其他人文科学领域，如人类学、历史学、文学、翻译学和精神分析等，并成为传播学的一种方法论。结构主义方法论对传播学的学术思想有深远和持久的影响：（1）从文学作品的研究出发建立对叙事结构的分析，尤其是对报刊的表述，对广告信息的产生和研究方面；（2）大力强化对视觉信息的分析，衍生出后来的符号学；（3）在法国崛起的结构主义方法论留下的另外两个重要思想是阿尔都塞的意识形态国家机器理论和福柯（Foucault）的监视装置理论。

在传播学形成基本学术格局之时，就面临着要求扩大学术范围的挑战。风雷激荡的20世纪60年代对西方社会思想的学术更新起到了关键作用，是传播学术思想发展的一个转折点，学术思想和趣味开始分化，一些新思潮开始以批评的姿态或“合作”的口气力图渗透进传播学的学术领域，如语用学、民俗学、人类学、传播学和社会互动理论等。

翻译学的外化和传播学的边缘化使这两门学科得以结合，促使跨文化交流学产生。跨文化交流学是一门以翻译学为基础的传播学的一个分支，从20世纪以来已有许多文化人类学家进行过论述，但作为一门独立学科的跨文化交流学却是在20世纪70年代末形成的。跨文化交流学是应现代社会生活的迫切需要而诞生的，这使它一开始就带有明显的实用性。

我国对这一学科的介绍始于20世纪80年代后期，主要著作有胡文仲主编的《文化交际与英语学习》。霍尔的《无声的语言》《超越文化》以及萨姆瓦（Samovar）等人著的《跨文化传通》等著作也在20世纪80年代译成中文出版。此后，中国学者的相关著作也相继出版。

二、基于传播学的翻译观

（一）翻译是传播的手段，传播是翻译的目的

翻译是人类社会发展到一定阶段的产物，是较高层面的传播。在漫漫历史长河中，翻译推动着人类进步，使人类在不断地取长补短中走向文明，走向完美。传播是人类生存的需要，翻译是人类发展的需要。正如施拉姆所说：“我们是传播的动物，传播渗透到我们所做的一切事情中。”“传播是一种自然而然的、必需的、无所不在的活动。我们建立传播关系是因为我们要同环境，特别是我们周围的人类环境相联系。”① 翻译正是能让人们建立更大“人类环境”的保证，是不断地延伸人们的“信息渠道”的保证；翻译是人类向更大的生

① 施拉姆. 传播学概论［M］. 北京：新华出版社，1984：20.

存空间、更好的生活环境、更高层次的生活水平发展的“信息渠道”；翻译是一种有目的的传播，是人类精神生活的需要。

传播必须具备四个最基本的要素：（1）传播者；（2）传播内容；（3）传播媒介；（4）受传者。在翻译过程中，译者是传播者，是原作品内容的发送者，是信息传播链条的第一环节。译者要解决“译什么”和“怎样译”的问题，因此译者不仅决定着翻译过程的存在与发展，而且决定着信息内容的质量、数量和传播方向。原文文本是传播的内容，是翻译所要传播的信息，翻译本质上体现为信息的传播。因此，信息一旦生成，只有传播（翻译）出去，并被读者接受，实现了“信息共享”，才具有意义和效果。译文是语言符号的具体再现形式，是所译内容的传播媒介，翻译的完成、信息的传播是通过语言符号的转换实现的。离开了译文这一负载转换、传递原文文本内容的具体渠道，信息交流就无法实现。读者就是受传者，即译文的接受者，是信息传播的服务对象，其外延可以涵盖社会中的每个成员。但是，只有当人们参与到了翻译传播的过程中，成了译文的使用者时，其才是严格意义上的读者。

传播过程有三个重要环节：（1）信息的传达；（2）信息的接受；（3）信息的反馈。翻译过程也具有这三个环节。作为翻译过程中第一环节的译者，要根据一定的目的，针对服务对象的政治、经济、文化和宗教背景，从信息海洋中选出有关的传播内容文本来进行翻译。在确定了所要传达的信息内容后，译者要把所选翻译的内容进行语言符号的转换，变为可被读者接受和理解的语言符号。换言之，译者要把“文本”译成能够被读者所接受的“译本”。把文本变为译本并不是随心所欲的，译者必须明确翻译的目的，明白读者的阅读理解能力，明了读者的态度，采取必要的翻译技巧和原则标准，使译作成为能被读者接受，并且愿意接受的译本。只有这样，信息才能传达，翻译才有意义。同时，读者在解读译本时，并不是消极被动的接受者，他会根据自己的生活经验，对译文内容进行解释，去体验译者的用心。读者能够发挥自己的主观能动性，选择有解释价值的信息进行价值判断，对没有价值的信息就放弃。译者所能传播的“有价值”的信息越丰富，则读者解读的积极性就越高。只有当读者的反应符合译者的预期目标，传播才算完成，翻译才算成功。在读者反应过程中，读者变成了传播者，译者变成了受传者。翻译是译者与读者共同解读和分享信息的双向传递过程。在这个双向传递过程中，译者把带有目的的解读信息传递给读者，而读者也把解读信息的感受、评价以及愿望和态度反馈给译者，这是一种双向对话。

（二）翻译是内向传播和人际传播的双向对话

翻译的内向传播是译者对待异文化的心理内动过程。其特征有显性和潜性之分，显性表现为认同、接受、归化；潜性表现为否定、排斥、异化。显性是“主我”心理内动过程的反映，是自我需要的原则；潜性是“客我”心理内动过程的反映，是社会需要的原则。内向传播的内动性在于信息的传播者和接受者是融为一体的，而且常常表现为矛盾的统一。翻译是译者的内存信息和外部信息的内心沟通，是译者的自我交流，亦即自我传播。作为客体的外部信息——原文文本，会在作为主体的译者的“内储信息”上得到显性反映，从而完成“译什么”的选择过程。译者也会在内心深处进行信息加工——分析、推论、反应，从而产生心理和生理上的潜性反馈信息，完成“怎样译”的认知过程。自我传播就是在自我认知过程中完成主我与客我之间的信息交流和对话，在这种自我认知过程的相互对话中完成翻译，成就翻译作品。

翻译实质上是个人的意志活动和思维活动的自我传播过程。在思维过程中，人不仅以外部世界作为认知对象，而且还能够把人类自身作为认知对象。在翻译思维过程中，译者不仅把源语和源语文化信息作为认知对象，而且还把译语和译语文化作为认知对象，再以译者自身的内存信息为中介，通过各种信息相互影响，以自己的认知模式和心理态势调动日益积累起来的知识和经验来理解、推断和解决问题，并储存新的信息，从而产生翻译作品。成功的翻译应经得起社会的检验，即人际传播的相互对话，以获得读者的接受。

人总是生活在我与它的关系世界中，没有这个世界人就不能生存。但只依赖于“它”的世界生活的人，并非真正意义上的人。在我与你的世界中，人是一个独特的存在，这是一个充满了人性的人、一个能进行情思交流的人、一个可以自由选择的交往者。人际传播的价值正是在我与你的关系世界中出现的。人际传播的一个特点就是能够满足受众个性化的需求，翻译的成功正是体现在把“我与它”的世界和“我与你”的世界完美结合，这两个世界都不可偏废。译文的完成只是译者完成了“我与它”世界的联系，而翻译的成功必须经过“我与你”世界的心灵交往，即人际传播。人际传播的重要意义就在于在这种心灵交往中认识自我、认识他人和社会。通过交往向他人展现自我、在他人反应中认识自我、减少自我估价的不确定性；而且还可以了解他人，在频繁的交往互动中进而认识社会。

翻译的过程是自我认知的过程。译文的得失、翻译的成败，译者自己是可以预见或者说是能够意识到的。正如潘菲尔德（Panfield）所看到的那样，人的意识具有双重性。① 人们常常处于行动和行动的评价两种状态之中。自我认知实际上就是通过内向传播来了解自己、理解自己和把握自己的过程。通过自我认知，个人才能更好地适应社会，译者才能意识到“自我需要”必须和“社会需要”相结合。“归化”和“异化”必须在“自我”和“社会”之间把握好一个“度”。

第四节　传播学理论对英语翻译的启示

传播学意义上的信息传播涉及七个方面的内容，即谁传播（who says），传播什么（says what），通过什么渠道传播（in what channel），向谁传播（to whom），传播的目的是什么（for what purpose），在什么场合传播（on what occasion），传播效果如何（with what effect）。传播学观照下的翻译同样涉及这七个方面的内容，而且，这七个因素互联互动又形成了翻译的动态和开放的特征。可以这样说，较之别的英语翻译研究路径，传播学视野下的英语翻译研究领域更开阔，内容更丰富，并可以使英语翻译从一种静态和封闭的研究转变为动态和开放的研究。

传统的英语翻译不重视翻译主体的研究，并把英语翻译看作是纯语言层面上不同文字的转换，译者和译作读者的主体性和能动性几乎被彻底否定。结构主义翻译研究的重点在文本内容与形式的关系上，并提出了翻译的等值论，强调翻译从形式到内容的信息等值。接受理论出现后，翻译的受众效果分析得到重视，翻译研究又从等值论转向了等效论。文化学派的翻译研究则将翻译研究的重点放到了对翻译所处的社会和文化环境以及权力话语的研究之上，把翻译看作是一种文化交流活动。但是，这些不同流派的翻译研究，都只是研究了翻译的某个方面，都没有较好地把握翻译的本质。翻译本质上是一种信息传播，英语翻译应该尽量向传播学研究靠拢，这样才能对英语翻译进行更全面的研究，以便更好地揭示英语翻译的本质和规律，从而更好地指导英语翻译实践。

从传播学的角度看，英语翻译首先要关注翻译的主体，即谁在翻译（who translates），了解和研究译者的自然结构、社会结构、认知结构及其在翻译活动中的作用等，这样才能更好地理解翻译活动。

英语翻译还要研究译了什么，即 translates what。对英语翻译内容的研究有

---

① 安月英．信息传播学［M］．北京：气象出版社，2002：62.

助于找到更好的英语翻译策略。例如，法律条文的翻译最重要的是忠实，所以翻译策略要以直译为主，文学翻译则要尽力发挥想象，所以应以意译为主。

英语翻译要关注翻译的渠道，即信息传播中的信道（in what channel），要研究翻译渠道对英语翻译所产生的影响。例如，翻译渠道为口头翻译时，英语翻译要遵从从理解到记忆再到表达的流程，而笔头翻译则应该从理解到表达再到校核，因为口译信息主要是以时间为存在的形式，而笔译则主要是以空间为存在的形式。

英语翻译要关注对翻译受众（to whom）的研究，帮助译者更好地了解翻译受众，使翻译有的放矢，这样才能创作出较好的译作。英语翻译受众是儿童时，翻译就必须使用儿童喜闻乐见的语言，成人味太浓的语言是难以激发儿童阅读译作的兴趣的。

翻译目的（for what purpose）从一开始就制约着整个翻译活动，因而也是英语翻译必须关注的对象。从某种意义上说，翻译目的决定翻译方法。如果翻译目的是以译介异国的文化和风土人情为主，异化翻译方法就是较好的选择，这样才能更好地表现异域色彩。但是，如果译作只是供翻译受众用于阅读消遣，译者就最好采用归化的翻译方法。因为译作中过多的异化表达会增加译文读者的阅读难度，进而妨碍其娱乐消遣功能的发挥。

翻译活动还与翻译场合（on what occasion）有关。例如，正式会议的英语翻译与日常口语的英语翻译在语体的选择上是很不相同的。前者要用正式语体来翻译，而后者则宜采用非正式的口语化语体。因此，对翻译场合的研究有助于译文语体的抉择。

对翻译效果（with what effect）的研究是英语翻译研究不可或缺的重要组成部分。按照常理来讲，没有效果或是效果很差的事情做起来几乎没有意义。同理，如果一项翻译活动没有达到预期的效果，或者所取得的效果很差，这样的翻译是不成功的。英语翻译效果的好坏则主要取决于译作读者的信息反馈和译作所产生的社会或经济效应。

第二章　英语翻译的新视角——跨文化传播

翻译传播理论把翻译定性为跨语言、跨文化的信息交流与传播，更多地关注译文在目标受众当中的传播效果，凸显翻译活动的互动性和开放性，为翻译研究提供了更为广阔的跨学科视角。本章对英语翻译的新视角——跨文化传播进行了研究。

第一节　传播学视野中的文化差异与文明对话

一、文明冲突的深层原因：文化的差异

亨廷顿（Huntington）将文明之间冲突的深层原因归于原始的“文化差异”，并详细阐述了文化共性促进人们之间的合作和凝聚力，而文化的差异却加剧了分裂和冲突。可以说，“文化差异”是“文明的冲突”产生的基础，而文化的差异体现在文化传统之中。[①]

（一）文化差异导致分裂与冲突

亨廷顿认为由于现代化的促进作用，世界政治正沿着文化的界线进行重构。文化相似的民族和国家走到一起，文化不同的民族和国家则不相为伍。冷战之后，“你站在哪一方？”的问题被更基本的“你是谁？”的问题所取代，每个国家关于文化认同的回答确定了各个国家在全球政治中的位置、它的敌

① 胡蝶．浅谈《文明的冲突与世界秩序的重建》[J]．饮食科学，2018（04）：213.

友。[①] 20 世纪 90 年代全球性的认同危机在世界蔓延，人们在处理认同危机时，重要的考量因素是血缘、信仰、忠诚和家庭。人们选择与具有相似的祖先、宗教、语言、价值观、体制的人聚在一起，而疏远不同者。为什么文化共性促进人们之间的合作和凝聚力，而文化的差异却加剧分裂和冲突？亨廷顿给出了五条理由[②]。

（1）在当代世界，文化认同与其他方面的认同相比，重要性显著增强，一个世界的人在根据文化界线来区分自己，因而文化集团之间的冲突越来越重要；文明是最广泛的文化实体，因此不同文明集团之间的冲突就成为全球政治的中心。

（2）文化认同的日益凸显是个人层面上社会经济现代化的结果，这一层面上的混乱和异化造成了对更有意义的认同的需要；在社会层面上，非西方社会能力和力量的提供刺激了本土认同和文化的复兴。

（3）任何层面上的认同只能在与“他者”的关系中来界定。历史上，相同文明的国家或其他实体之间的关系有异于不同文明的国家或实体之间的关系。在当今世界，不同文明的人民之间交往更为密切，结果是更深刻地意识到文明之间的差异以及必须保护把“我们”区别于“他们”的那些特性。

（4）不同文明国家和集体之间的冲突的根源是那些总是产生集团之间冲突的东西：对人民、领土、财富、资源和相对权力的控制。然而文化集团之间的冲突也可能涉及文化问题，这些问题无法通过谈判、妥协来解决。文化问题的答案只有是或不是。

（5）冲突是普遍的，憎恨是人之常情。为了确定自我和找到动力，人们需要敌人。对那些与自己不同并有能力伤害自己的人，人们自然地抱有不信任，并把他们视为威胁。

由上可见，亨廷顿“文明的冲突”的发生是这样的逻辑：“现代化的激励”导致“文化认同日益凸显”，从而形成“不同的文化集团”，“不同的文化集团”在交往中必然产生冲突，但由于涉及“文化的差异”的问题是根本性的，无法统一协调解决，故产生不同文明国家之间的冲突。[③]

亨廷顿认为“冲突是普遍的” “憎恨是人之常情”，他继承了汤因比（Toynbee）对文明之共同基础人性的看法。汤因比认为人性的局限性在当今世

① 王宝林，耿茂城．行走在人类文明的边缘——参读《文明的冲突与世界秩序的重建》的思考［J］．新西部（下旬刊），2018（6）：96，95.

② 李停．简析文明的冲突与世界秩序的重建［J］．散文百家（新语文活页），2018（10）：244-245.

③ 代高峰．简述亨廷顿文明冲突理论的争论［J］．边疆经济与文化，2017（8）：85-88.

界也不能摆脱，第二次世界大战就是明证。①

（二）中西方文化的差异

亨廷顿认为美国和亚洲的冲突起源于文化的差异。他概括了亚洲文明和美国文明之间的根本差异：“在最广泛的层面上，盛行于众多亚洲社会的儒家精神强调这样一些价值观：权威、等级制度、个人权利居次要地位、一致的重要性、避免正面冲突、保全面子。总的来说国家高于社会，社会高于个人。此外，亚洲人倾向于以百年和千年为单位来计算其社会的演进，把扩大长远利益放在首位。这些态度与美国人信念的首要内容形成了对照，即自由、平等、民主和个人主义，以及美国人倾向于不信任政府，反对权威，赞成制衡，鼓励竞争，崇尚人权，倾向于忘记过去，忽视未来，集中精力尽可能扩大眼前的利益。冲突的根源是社会和文化方面的根本差异。”② 亨廷顿所总结的亚洲文明和美国文明之间的差异是根本性差异，还是表象性的差异？这些差异是不可调和的吗？要回答这些问题，需要深入考察中西方文化传统。

雅斯贝尔斯（Jaspers）将以往的人类历史发展分为四个阶段，轴心时代意义非凡。③ 在公元前500年前后，古希腊、以色列、印度和中国几乎同时出现了伟大的思想家，他们都对人类关切的问题提出了独到的看法：古希腊有苏格拉底、柏拉图，中国有老子、孔子，印度有释迦牟尼，以色列有犹太教的先知们。他们推动了不同文化传统的形成。经过两三千年的发展，这些文化传统已经成为人类文化的主要精神财富，“人类一直靠轴心时代所产生的思考和创造的一切而生存，每一次新的飞跃都回顾这一时期，并被它重新燃起火焰”④。

在《大哲学家》一书中，雅斯贝尔斯将孔子列入“思想范式的创造者”的行列之中，认为孔子思想所产生影响的深度与广度都是无与伦比的，并且与苏格拉底、佛陀和耶稣一道创造了对后世哲学具有尺度作用的规范。⑤

而在西方，柏拉图在哲学史上的地位是独一无二的。雅斯贝尔斯认为：“他站在历史的转折点上，处在前苏格拉底时期和希腊化时期之间。柏拉图是远见和洞察力的无与伦比的顶峰……所有的后来人都在钻研由柏拉图开始的问题。在柏拉图那里经常碰到，或者说他那里存在几乎所有的哲学动机。看起

① 焦子秋，于双，程珊．《文明的冲突与世界秩序的重建》评析［J］．致富时代（下半月），2014（6）：59.

② 翟中秀．由亨廷顿理论看跨文化交际中的文化冲突［J］．青年文学家，2015（23）：192.

③ 任翔．教师素养读本　教育的智慧［M］．济南：济南出版社，2016：61.

④ 雅斯贝尔斯，邹进．雅斯贝尔斯论教育［J］．中学历史教学参考，2017（8）：1.

⑤ 姚源清．雅斯贝尔斯与孔子［J］．当代贵州，2015（18）：54-55.

来，哲学似乎在柏拉图那里发现了他的终结和开始。似乎所有先前的思想材料都为他所用，所有的后来者都只是在诠释它们……他的主题的内容是如此之丰富，以致后来的哲学很少不是柏拉图哲学在某个方面的当代化。”①

作为中西方文化的圣哲，孔子和苏格拉底有诸多相似之处：他们的国家（周朝和雅典王国）走向政治衰亡，他们被列为“思想范式的创造者”，其思想所产生影响的深度与广度都是无与伦比的；他们都是博学多识、传道授业、醒世济人、教育青年的教师；他们都述而不作，但其思想学说却通过学生等人广为传播，从而名垂千古，尽管存在对他们人格真实性的质疑。

二、跨文化传播视野下的文明对话

亨廷顿对文化差异的理解，过于偏重传统文化的理解，过于强调“差异”，使“差异”成为彼此分离的篱笆。由于全球化进程所带来的同质化力量的刺激，不同文明的国家更加扎紧了文化的篱笆，使文化的对话更加艰难，权力的对话转变成了权力博弈。不同文明的国家越来越关注自我群体的利益，很难达成共同利益，使得不同文化的共存变得虚幻起来。一方面，过度的差异和文化群体利益表达可能演变为偏见，在文化群体交往中产生紧张感、刻板印象和成见。另一方面，差异会削弱交流、合作和共同努力的有效程度，产生分裂和冲突。根据文化间性理论、互惠式相互依赖关系和共文化理论来建构跨文化传播，可以消解文化差异所引发的偏见和社会分裂，建立不同文明之间互惠式的相互依赖关系，追求文化的平等权利。

（一）中西传统文化共同的跨文化传播启示

中西传统文化共同主张对私欲的克制和节制，要摆脱物欲的诱惑和后天经验的局限，认为这是实现传播效果的关键。美国学者瑞恩也认为这是实现跨文化和平交流的关键。“我们必须面对一切社会与个人在迈向高层次发展时所遇到的一个核心问题：实现真、善、美的价值和实现个人与团体之间和平关系的阻碍可以说是无所不在的。历史与社会环境可能会使上述问题进一步恶化，但其最根本的原因是人性中具有恶的一面，因此人类往往不愿付出必要的努力。然而必须付出长期的努力才能取得进步。如果一个民族体现不出本文化中最优秀的一面，那么在其他成员身上就会体现出贪婪偏执等自我放纵的特征，反过

① 韩宁，左剑虹．论雅斯贝尔斯通达超越的哲学信仰路径［J］．山西高等学校社会科学学报，2020，32（1）：18-23.

来它又会威胁到本民族的安定团结，并终将破坏全世界的和平。”[①] 社会成员越是有能力控制与别人发生冲突的情绪，政府就越没有必要出面维护和平。放眼世界，如果各个国家乐于自我约束，和平关系同样会得到进展。为了长期维护友好关系，需要一种律己自制的道德及相应的文化修养与情怀来指导和塑造政治、经济、科学和其他方面的联系。个人、集团和国家间的和平共处，需要对人类的自私自大做出强有力的制衡。

孔子和苏格拉底都坚持以受众为导向的传播模式，这一传播模式也是以对自身私欲的克制为前提的。在跨文化的对话中不能仅仅站在各自的立场上，每个对话者都要考虑别人的观点，试图表明在这些观点以及他们自己的立场中，什么是错的，什么是对的，从而与别人一起提出一个每个人都承认是更接近真理的观点。最后达到的立场是对每个人最初坚持的立场的重要推进，一个对话成功的结论反映了一个共同的理解，也反映了所有讨论参与者最初立场的转变。跨文化传播，其目的不在建立个人的文化主体性，而是形成从他者出发的相互理解的文化主体间性，达成人与人之间彼此倾听、彼此宽容与理解的文化关系。

（二）文化的内在建构——文化间性理论

哈贝马斯（Habermas）认为，始于康德的主体性哲学的一个最大的问题就在于把主体和客体隔离开来，从而导致工具理性横行霸道。[②] 无论是强调主体，还是看重客体，都是一种工具理性，都应当予以批判和纠正。批判和纠正的出路在于把主客体统一起来，使主体和客体之间由工具认知关系转变为话语交往关系，也就是说，把以主体（或客体）为中心的理性转变为以话语为中心的交往理性。他指出：“交往行为概念所涉及的是至少两个以上具有言语和行为能力的主体之间的互动。这些主体使用（口头的或口头之外的）手段建立起一种人际关系。行为者通过行为语境进行沟通，以使在相互谅解的基础上把它们的行动计划和行为协调起来。”[③] 他还提出“比义原则”和“团结原则”，以保障对个人的尊重和个人的平等权利，要求个人同情和尊重他人。哈贝马斯提出了“批判—沟通—重建”的发展之路，通过交往、商谈、互为主观等途径来扩大宽容的空间。[④] 这就呈现了人类传播活动的本质和理想境界，

---

① 瑞恩．异中求同：人的自我完善［M］，北京：北京大学出版社，2001：36.

② 董茹心，薛云珍．哈贝马斯交往行为理论及应用研究［J］．心理月刊，2019，14（6）：17-19.

③ 张兴峰．哈贝马斯“公共领域”探究［J］．品牌研究，2018（6）：264-265，288.

④ 蓝海瑛．分析哈贝马斯的交往理论［J］．智库时代，2018（29）：278-279.

树立了具有主体间性基础的传播价值观念。

亨廷顿过于强调文明集团之间的主体性，忽略了文化间性问题，即如何形成文化间的互惠理解。文化间性以文化间开放为前提，承认差异，承认文化对话是一种力量关系，在对话互动过程中，总会存在着力量的对比，关键是维持差异，求同存异，通过交往、商谈等途径扩大宽容的空间。正是因为差异的存在，各文化之间才有相互参照、相互借鉴的可能，并在比照中进一步认识自身，从他者反观自己，正是由于差异的存在才导致革新求变等创造性力量。[①]

文化间性表达了文化通过自身的关系而构成自己，也通过与别的文化关系构成自己。关于中西文化异同的对比是静态的，而现实却不断走向一波又一波新的中西互动。“具有明显异质性的中西文化业已发生并正在发生着无数活生生的间性关联……始终是两者中的某一或某些部分发生了关联，并且进入此关联的部分都会发生某种意义变化，恰是这种间性关联中的意义重组构成了两种文化交互作用的真正实际。”[②]

根据多样性假设（the diversity hypothesis），不同文化群体的人们能够充分参与社会，人们拥有共同的目标，并且如果文化和种族身份得到尊重与珍视的话，社会的和谐统一就可以达到。但是尊重和珍视文化和种族身份，就意味着把人们划分为不同的群体，就有可能在多数群体和少数群体之间形成紧张感、偏见和冲突。在多样性假设下使文化群体之间保持和谐，要注意以下两方面。一方面，不同群体成员地位平等，并且交往合作，可以使成员感受到凝聚力，增加群体间的好感，感知群体间的共性，达成不同群体间的理解与接受。另一方面，双重文化身份和多重文化身份有益于少数群体的社会、心理适应以及整体幸福感和舒适感的提升。就交往效应而言，多数群体比少数群体更为积极，可以通过增进对少数群体的了解、尊重和珍视其文化身份来逐渐改善。可见，从文化间性出发，可以对话差异所引发的偏见和社会分裂。

（三）文化的外在建构——互惠式相互依赖关系与共文化理论

20世纪90年代初，在多元文化主义遭遇深刻危机的同时，亨廷顿提出“文明的冲突”[③]，彻底否认文明之间相互理解的可能性，提醒西方文明提防穆斯林和儒家学者。这其实是他看到西方霸权下降而发出的醒世危言。爱德华·霍尔（Edward T. Hall）的跨文化传播理念所体现的是一种平等权利的意识，

---

① 高丽．哈贝马斯生活世界理论研究［J］．活力，2019（6）：118-119，121.

② 王凤才．哈贝马斯视域中的社会哲学［J］．马克思主义与现实，2019（4）：108-115.

③ 肖鹏，韩忠芸．浅析亨廷顿改革战略的价值［J］．现代交际，2020（4）：246-247.

把权力看作是做事的、达到目标的特别是与人合作的能力，不以等级制或支配与服从为基础。①

跨文化传播创造了群体间的互惠式相互依赖关系，在这种关系中，群体间的合作是通过相互适应和交流互动，不断地求索新的信息和观点，使文化创造的视野逐渐打开来完成的。主体间发生相互的传播行为，产生权力竞争关系，为了使交流有效进行下去，双方在互动中形成关于传播行为和文化行为的权力规则与文化规则，又在具体的文化创造中协商可争议的问题，整合成共同目标，达成跨文化合作。在这里，平等权利创造了跨文化合作的基础，激发了创造的潜能，也使群体间交流的行为和规则得以不断创新。

在“共文化理论”（co-cultural theory）中把那些原先被视为附属的、劣势的、少数的、非主流的、亚文化的以及缄默的群体看作共文化群体，社会中各种文化在本质上是平等的，共文化群体有着独特的内涵与价值，只是在主流文化的渗透下，共文化群体成员的经验经常被忽视，成为社会结构中沉默的群体成员。但事实上，虽然主流群体在政府、公司、宗教和立法机构中的中心地位已经使得其他共文化群体在主流社会结构中被边缘化，但是这并不意味着这些共文化群体的身份在审视文化、权力和传播的关系时不是一个重要的因素。相反，被压抑者不仅可以最清晰地看到自己在社会上所处的位置，而且还可以看清楚整个社会形态，从而找到获得平等权利的路径。

共文化群体成员会基于某种具体的经验领域，以他们所偏好的结果和传播方式与主流文化群体成员进行策略性交流，在某种具体的情景中反抗支配性权力，与那些企图使他们沉默的主流社会结构之中的人进行协商。在这个过程中，“分离”的偏好意味着抵制主流文化的收编；“同化”的偏好则是为了有效参与主流社会活动以获得利益，消解文化差异，寻找共同点；“适应”的偏好为的是与来自他文化的人进行有效交流的能力的发展，最终实现“没有障碍的文化多元性”和“给予所有群体自我尊重的相互依赖”。每一种偏好都与个体对支配性权力的经验、感知以及文化交流的具体情境相关，可见，平等权利也是支配性权力生产出来的。② 人们在创造性的文化实践中有能力建构平等权利这种政治可能性。

综上所述，亨廷顿认为文化差异是根本性的、难以协调的，造成了“文明的冲突”。通过对轴心时代中西传统文化的传播学考察，可以用传播模式和

---

① 葛军华，张之燕．从爱德华·霍尔的文化身份理论分析奈保尔文化身份的杂糅性［J］．名作欣赏，2018（35）：58-61.

② 李靓．探析亨廷顿的“政治秩序”思想［J］．新丝路（下旬），2020（4）：105-106.

方式的差异来解释文化的差异。[①] 儒家强调权威、等级制度、避免正面冲突都源自儒家的社会生活的同心圆的传播模式。西方文化注重自由、平等、反对权威，与苏格拉底提出的人人都具备关于真理的知识，通过对话，采取精神辩证法来追求真理有关。但是上述差异都是表象，中西方传统文化之间发现的更多的是一种根本的一致性：语言要表达真理，坚持以受众为导向的传播模式，推崇对私欲的克制和节制，这是实现传播效果的关键。亨廷顿对文化差异的理解，过于偏重传统文化的理解，过于强调“差异”，使“差异”成为彼此分离的篱笆。根据文化间性理论、互惠式相互依赖关系和共文化理论来建构跨文化传播，可以消解文化差异所引发的偏见和社会分裂，建立不同文明之间互惠式相互依赖的关系，追求文化的平等权利。

第二节　跨文化传播的模式构建及要素分析

一、跨文化传播的模式概述

所谓模式是指对客观事物的内外部机制直观而简洁的描述，它是理论的简化形式，可以向人们提供事物的整体信息[②]。模式构建在跨文化传播研究中具有不可替代的优势和功能，具体包括以下几个方面。

第一，构造功能：揭示跨文化传播过程中各系统要素之间的次序、相互关系及作用原理，以简洁的形式再现跨文化传播过程中内部构造与作用机理，从而获得对事物的整体认识。

第二，阐释功能：将复杂的动态传播过程及信息传播中遇到的各种问题和矛盾以最简洁的方式清晰呈现，获取对未知关系的认识。

第三，启发功能：模式构建总是与理论发展相伴相生，以开放的状态，随时进一步启发扩展其他研究内容与范围，引导人们探知新的未知的事实与方法。

第四，预测功能：由于模式能给人们提供考虑问题的框架，通过它，人们可以把握事物规律，从而预测事物发展的进程和结果。

然而，综合以上传播学意义上的传播过程模式，作为特殊领域的跨文化传

---

① 代高峰．简述亨廷顿文明冲突理论的争论［J］．边疆经济与文化，2017（8）：85-88.

② 胡正荣，段鹏，张磊．传播学总论（第二版）［M］．北京：清华大学出版社，2008：123.

播过程模式还应该包括传播方式或传播方法这一因素在内。即传播不仅有语内传播，也有语外或异语传播；不仅有文化内的传播，还有文化外的或跨文化的传播，这种传播可以是口头传播、也可以是文字传播，或是图像传播以及实物传播。这样，人们就可以把跨文化传播的要素增加到八个，它们分别是传播者、传播信息、传播媒介、信息受众、传播效果、传播目的、传播环境及传播方式。其中前五个是拉斯韦尔（Lasswell）原有的，接着两项是布雷多克（Braddock）增加的，最后一项则是人们根据跨文化传播的特点又增加的。虽然这种过程模式在本质上属于理论模式建构，但是仍旧可以将其理论成果运用于其他领域的探索而建立起新的模式。也就是说，本书所说的跨文化传播模式是在传播过程模式的启迪下建立的，其目的也是通过构建跨文化传播过程模式和要素为其引入翻译传播过程模式做准备。

二、跨文化传播者及其文化身份

跨文化传播者是传播活动的主体和起点，也是传播活动的中心之一，其基本职能就是制作和传播信息。另外，传播者文化身份的自觉与主动是跨文化传播达到预期目的的重要前提。文化身份是一个文化群体成员对其自身文化归属的认同感，其特征由成员的所言、所行、所思、所感表现出来。它的内涵是：自我意识、表现方式、人际关系、惯性与动性、情感因素。传播的信息内容、环境的变化使文化身份在群体成员身上的显现有强弱之分。文化身份不仅决定传播交际者采用哪一种语言进行传播，而且还决定传播者选择何类信息内容以及采用何种传播方式，即决定着不同文化属性的人们所使用的编码、解码的方式。文化身份的研究有助于人们分析不同文化群体的传播行为模式，以加强跨文化沟通。在跨文化传播中，交际双方解释自己文化身份的特点、行为规范的做法有助于彼此建立信任，并减少偏见。一般而言，建立在理解和信任基础上的跨文化传播交际活动，才能被参与传播和交际的双方真正接受，才是有效的传播过程。

三、跨文化传播产生的原因及环境

从根本上看，跨文化传播的产生是全球化的结果，世界范围内的传播成为从中心区域向非中心区域生产和消费扩散的过程。文化间的差异导致了跨文化传播关系的产生，传播双方理解信息内容的方式、反馈方式都存在差异，因此也产生了误读与误解。所以在文化传播中要客观对待传播者，不应以文化主体的价值观衡量异质文化的优劣，而且要制定符合实际的传播效果目标。

跨文化传播活动总离不开一定的社会环境。环境对于传播结果的影响很大，在不同的环境中传播的效果也不相同。人们认为跨文化传播的环境应有四种基本类型。一是空间环境，如传播进行时所处的空间、气候、温度等。这些对传播活动的方式以及传播的信息内容都有影响。二是社会关系，比如社会组织、社会规范、文化习俗以及人与人之间的关系等都会对跨文化传播构成影响。三是心理因素，即在什么样的心理状态下进行跨文化交流传播。心理境况直接影响人们的传播行为，在传播行为上它表现为喜欢与否、高兴与否等特征。这些变化直接决定着传播者的传播内容和传播态度。四是时间因素，时间环节有时最不易为人们所重视，它通常是指跨文化传播活动具有特别意义的时刻。

上述跨文化传播环境的四种基本类型并不是孤立存在的，它们总是相互作用、相互依存，每个类型都会影响其他几个类型，并被其他几个类型所影响。例如，如果在一个干扰很大的环境里交流，即使社会关系与心理因素的情境再好，文化信息的传播也会受到影响，并会因此而发生改变。所以说空间的、社会的、心理的、时间的诸种情境类型共同发生作用，构成了跨文化传播的整体背景。这些正符合中国人常讲的“天时地利人和”，若想实现成功的跨文化交流和传播，这几个要素缺一不可。

四、构建跨文化传播的媒介、方式及途径

（一）跨文化传播的媒介

传播媒介的发展是人类传播能力发展变化的表征。从某种意义上说，传播的发展史实际上就是传播媒介的发展史。传播媒介的发展受制于两个基本因素：一是思想文化的发展程度；二是科学技术水平。也就是说，人类的思想文化愈发达，参与传播活动的人就愈多，引起的传播速度和时空变化也就愈大。这就必然促进人们不断改革传播的媒介来适应日益发展的思想文化的需要。另一方面，传播媒介的发展又受制于科学技术的发展水平。没有造纸术、印刷术的发明，就不可能有印刷媒介如报纸、杂志、书籍的产生；没有光电技术的发明创造，就不可能有电影、广播、电视等的问世。人类每次传播技术的提高，都会带来传播方式的重大变革。

从传播技术分类角度看，传播媒介可分为印刷媒介和电子媒介两大类。印刷媒介主要指报纸、书籍、杂志三种，在人类历史上出现较早，历史也较悠久，它使语言文字得以大量印刷而且大规模传播，其社会意义更为深广，大大地推动了人类文明的进程。而电子媒介则是近代的产物，主要包括电报、电

话、广播、电影、电视、传真等，而计算机、因特网的使用又把传播史上的革命推向新的阶段。

在跨文化传播中一般最简单的传播关系也必须在两个或两个以上的组织和个人之间才能形成。人们即使不是生活在同一社会文化中，也彼此相互联系、相互作用，从而构成跨文化传播的信息渠道。传播媒介连接传播关系的工具和手段，可以是人、是物，也可以是社会组织，如工会、社团等等。虽然人是跨文化传播的主体，又是最活跃的传播媒介，但人类的传播更多的仍是借助物来进行的，因为这些传播工具或媒介有跨越时间、空间的广度，而且具有反复传播的深度。

（二）跨文化传播的方式

跨文化传播过程不同，方式也不同。一般说来，主要有直接传播、间接（媒介）传播和刺激传播三种。

第一，直接传播。直接传播是最简单、最基本的跨文化传播模式，其表现形式是单向传播，指传播者与接受者像接力赛跑一样，一站一站地传到远方。中国造纸术的推广就是一个很好的例证。根据文献记载，公元105年蔡伦发明了纸，很快造纸术就普及到了中国很多地方，后来传播到世界各国。任何文化信息都有一个原始的信息源，当一个文化信息发布的时候，往往是许多人同时听到，然后再由这些人传播开来。这种传播模式谓之波式传播，就如同水中掷了一块石头激起的波纹一样，一层一层地向四周扩散。因为它是在同一个时间的横向传递，所以又可称为横向传播。在传统社会中，由于报纸、广播等传播文化的发展，文化信息的发布常常是自上而下层级进行的。这种文化传播模式谓之根式传播，就如同树根一样从主根、支根到须根依次传递和扩散，这种传播基本上是垂直传递的，所以又可称为竖式传播。如果把传播文化放到一个更为广阔的空间和持续运动的时间内来观察，就会发现在传播文化过程中，单纯的波式传播或根式传播很少见，而常常是一个复杂的多层次的结构模式，是一个持续运动着的、各个部分相互作用的模式，既表现为根式传播，又表现为波式传播，如科学的发明或发现，大都是采取多层次交互作用的传播模式。这种传播模式超越时间空间，跨越社会区域和社会群体，其持续运动常常表现为历史文化发展变迁的过程。

第二，间接传播。如果两种文化不是直接交往，而是通过第三者作媒介使某种文化因素得以交流，这就是间接传播，又称媒介传播。在一般情况下，贸易是常见的传播方式。以中国文化的输出而言，物质文化方面除丝绸、瓷器外，明清时代的铁器还曾输出到菲律宾、缅甸、泰国。而精神文化产品，同样是历代商人贩运的对象，唐代白居易的诗和张旌的文章，都为朝鲜和日本所喜爱，唐代商人甚至伪造白居易的诗以图利。明清时赴泰国的商人对《三国演义》的爱好与谈论引起了泰国人民对这部著名小说的兴趣，产生了几部泰文译本。此外，帮助日本了解世界起了很大作用的魏源的《海国图志》就是由清朝商人几次航海时传过去的。

第三，激起传播。激起传播又叫刺激传播，是指某一个社会掌握了某项知识以后，刺激了另一社会，即给另一社会以灵感和启发，使之相应发明或发展了类似的文化因素，或者说，激起传播是由外来文化的先例所促发的新的文化因素的成长，如16世纪欧洲大批从中国进口陶瓷器皿，并对它大加赞赏，到18世纪，在不知道具体制陶技术的情况下德国人找到了制陶的原材料并重新发明了制陶技术。十分明显，这种发明并不是完全独立的，其目标或目的是由已在另一文化中存在的东西确定的，发明的独创性仅限于获得上述目标得以实现的技术。如果不是先在中国存在制陶技术并将瓷器传到了欧洲，那么欧洲人在18世纪甚至以后就不大可能会产生这项发明。激起传播既有历史的联系和依赖关系，同时也具有独创性。中国印刷术的传播所引发的许多民族对印刷术的日臻完善，就是一个比较典型的激起传播事例。活字印刷术是11世纪中国北宋刻字工人毕昇发明的，最初是陶活字和木活字，传到朝鲜后，发展成为铸铜活字。13世纪，我国印刷术传入欧洲，1454年，德国人古登堡受其启发，发明了铅字印刷。1466年，意大利出现了印刷厂后，欧洲各国的印刷业如雨后春笋般发展起来，直到1590年，占据澳门的葡萄牙人用铅活字印刷了传教士孟三德的《日本派赴罗马之使节》一书，印刷术又倒输回中国。可见印刷术从发明到日臻完善，包含了亚欧许多民族的集体智慧和贡献。①

（三）跨文化传播的途径

如上所述，跨文化的信息传播都是直接或间接通过人的接触和交流进行的。人类社会越发展，跨文化传播与人类社会生活的各个方面就越紧密地交织在一起，成为不同文化之间必不可少的交往活动。纵观世界文化发展史，跨文化传播的方式和途径多种多样，金鸣娟把它们归为以下几种②。

一是自然式跨文化传播。主要是由于自然环境和生存环境的变化，引起了人类向新的地方迁徙和流动从而形成的一种文化传播方式。在传统社会里，人们生活的主要物质要依靠大自然的赐予，当这种有限的赐予无法满足不断增长

① 薛龙，于孟晨．文化传播的媒介景观［J］．当代电力文化，2019（11）：91.

② 金鸣娟．人类传播与社会发展［M］．北京：中国广播电视出版社，2009：246-249.

的人口数量的需要时，或是在遇到自然灾害时，人们就会向新的地方迁徙和流动。在迁徙过程中，迁徙的人们将在原居住地的前人所创造的文化成果，即生产生活的知识、经验、技术、能力等作为文化积累都凝聚在自己身上，随着人的流动也把这些文化积累从一个文化空间带到了另一个文化空间。他们或是与沿途居住地的人们进行跨文化交流，或是部分成员在新的地方定居下来。无论是发生了哪种情况，都会产生跨文化传播的结果。

二是强迫式跨文化传播。主要是某些国家和地区出于经济、政治等方面利益的考虑，用武力手段和强制政策强迫另一些国家和地区接受自己的文化。这是一种野蛮的、常常伴随着血与火的跨文化传播方式。从世界历史看，很多大规模的跨文化传播行为往往都与战争或异族入侵直接关联。美洲、澳洲等地与欧洲文化共同体的形成，都是当时的欧洲人（主要是英国人）占领这些地方后，用武力屠杀和强制移民的手段，一方面使当地土著人的文化被边缘化，另一方面在那里强力推行欧洲文化。在第二次世界大战期间，日本军国主义在武力侵占中国、韩国等国后，强迫当地人学习日语，强制推行日本的生活习惯。这些都是强迫传播日本文化的行为，其目的是企图用日本文化取代当地的文化。

早期的宗教传播是一种自然式或交流式的跨文化传播，比如佛教在中国的传播。但是后来在某种特殊的社会历史条件下，宗教传播也成为一种强迫式的跨文化传播，比如历史上的十字军东征，就是通过宗教战争的形式，基督教民族向伊斯兰教地区进行的强迫式的跨文化传播。在中国近代史上，一些早期西方来华传教士就是纯教会行为，他们遵守中国法律，尊重中国风俗习惯，受到官方认可，他们为中西文化交流都做出了不同程度的贡献。但伴随着西方国家的武力侵略与征服，基督教也成为西方列强对中国进行文化征服、强迫式跨文化传播的工具。

三是交流式跨文化传播。主要是不同国家和地区在加强理解、共同促进发展的前提下，彼此之间互相介绍和推广自己的文化。这是一种积极主动的、文明的跨文化传播方式，是社会文明发展到一定程度的国家和地区所采取的跨文化传播的主要方式，其具体的途径也是多种多样的，主要包括以下几种。

（1）商贸传播。随着商品经济的发展，归属于不同文化的国家和地区之间建立了商业贸易关系。商品之间的交换不仅促成了彼此之间的贸易往来和经济发展，而且还促进了双方的跨文化交流与传播，如中国古代著名的“丝绸之路”，最初就是为了国际性的丝绸贸易而由商人们开辟的。通过贸易往来，中国的丝绸、瓷器、茶叶等不断地输往国外，文化产品如书籍、书法和绘画等也成为开展贸易的对象。商业通道也成为不同文化相互交流与传播的渠道。

（2）宗教传播。宗教是一种包含多层次内容的文化形式，宗教传播是一种影响广泛的跨文化传播途径，能够传播多种文化要素，在人类文化交流史上发挥过重大的作用。如印度佛教传入中国后，其富有思辨性的哲学、逻辑学、文学、艺术等因素也随之而来，大大充实和丰富了当时的中国思想文化内涵，最终发展成为中国化的佛教。而鉴真和尚东渡日本，使中国的建筑、绘画、音乐和工艺技术、饮食习俗、医药等，也随着佛教的传播在日本得到传播。

（3）学术传播。随着人类生活实践、知识经验以及思想认识的不断积累和发展，不同文化的国家和地区之间展开的学术交流日益频繁，这也促进了异质文化的传播。许多世界经典名著被翻译成不同语言的文字，让不同语言文化背景的人了解他者文化；国家之间互相派遣留学生和访问学者等，可以对异国文化进行全面、深刻和系统的了解；国际间召开多个国家学者参加的学术讨论会等等，都是进行跨文化交流和传播的重要途径。

总之，随着人类生产和交往范围的不断扩大，跨文化传播的方式和途径也越来越趋于多样化，比如还有体育传播、旅游传播等等。特别是由于现代传播技术和信息网络水平的提高，跨文化传播受技术手段影响越来越大，并呈现出媒介化的发展趋势。跨文化传播已经成为人类文化创新和发展的有效方式，是世界上不同国家和地区弘扬本民族文化，提高文化实力的重要途径。

第三节　翻译的跨文化传播属性

一、翻译与跨文化传播的共同特征

从传播学的角度来看，传播被视为一个系统（信源）通过操纵可选择的符号去影响另一个系统（信宿），这些符号能够通过连接它们的信道得到传播，以达到一种信息的交流和共享。它是一个涉及信源、信宿、信号、信道、噪声等要素的编码及解码的过程。翻译作为一种跨文化、跨语际的信息传播和交际活动，其意义已不再局限于传统理论中“把一种语言的言语产物在保持内容与意义不变的情况下，改变为另一种语言的言语产生过程”①。

在充分认识到翻译的跨文化传播本质后，翻译被认为是“与语言行为和

① ［苏联］巴尔胡达罗夫著；蔡毅，虞杰，等．语言与翻译［M］．北京：中国对外翻译出版公司，1985：68.

决策密切相关的一种语际信息传递的特殊方式"①。也就是说，翻译具有传播的一般性质，但与普通传播的不同之处在于，翻译处于两种语言文化之间，操作者必须选择文化换码，而并非只改换原来的语言符号系统。既然翻译是一种跨文化的信息传播，那么翻译活动和跨文化传播活动就会具有许多共同的性质和特点：二者都是社会信息的传递方式，表现为传播者、传播渠道、传播方式、编码译码、受传者等一系列关系，是一个由传播关系组成的动态的、有结构的信息传递过程。

翻译在本质上与跨文化传播密不可分，是你中有我、我中有你的关系。正因为如此，跨文化传播与翻译在多方面体现出共同的特征。

（一）翻译与跨文化传播都离不开语言和符号

传播离不开媒介和符号，媒介负载符号，符号负载信息。符号与媒介是一切传播活动赖以实现的中介。传播的核心是信息，它是信息的流动过程。在人类传播活动中，既不存在没有信息的传播，也不存在脱离传播的信息。文化是以符号的形式而存在着的，文化产生的目的就是为了传播，任何符号只有在传播中才能获得意义和价值。没有传播，符号便没有了意义，文化也就失去了存在的可能。因此，跨文化传播活动离不开语言和人类所独创的符号，人类正是通过这些语言、符号才得以进行信息的交流、实现价值观的沟通及意义的重构。翻译作为跨文化传播的主要方式，其对语言和符号的需求和依赖更甚于其他因素。离开了语言和符号，翻译根本就无从进行。

（二）翻译与跨文化传播都具有目的性

跨文化传播是人类的一种有意识、有目的的自觉活动，传播主体希望能达到一定的目的和效果，可以说，跨文化传播是异质文化间动态地传递信息、观念和感情以及与此相联系的人类交往沟通的社会性活动。同样，人类的翻译活动也总是在一定的意识支配下有目的、有指向地进行，是一种主体的认知活动，也就是说，没有意图的跨文化传播和翻译都是不存在的。在跨文化传播活动中，传播者对信息进行收集、选择、加工和处理，几乎在每一个环节都在有意识地进行跨文化的创造活动，体现着一定的意图性和目的性。

---

① Wilss, W. The Science of Translation: Problems and Methods [M]. Shanghai: Shanghai Foreign Language Education Press, 2001: 6.

（三）翻译与跨文化传播都具有互动性

翻译活动和跨文化传播都是双向的，是译者（传播者）与读者（接受者）之间信息共享和双向交流的过程。在常见的人际传播和交流中，主要有无反馈的单向式交流和有反馈的双向式交流两种。单向直线性传播模式，区分了传播者与接受者的固定地位和作用，却忽视了传播者与接受者还可以转换角色的情况。而在双向式传播交流中，传播者与接受者的作用是对等的，双方是互动关系，使用着相同的编码、译码和解码功能。罗选民认为尤金·奈达（Eugene A. Nida）的翻译动态对等模式作为一种翻译检验法与双向式的文化传播模式在理念上极为相似。[①]“动态对等”是指译文读者对译文的反应相当于原文读者对原文的反应。这种对译文质量的检验建立在译文读者对译文的理解与原语读者对原文理解的比较基础之上，而且，只有译文被译文读者理解，才能最终衡量译文是否正确和恰当[②]。这种强调译文与译文读者同原文与原文读者的互动，与传统的“作者—文本—译者”的单向分析有很大的不同[③]。

正因为文化是动态的，总是处在不断的传播之中，而文化又是多元的、异质的，所以它的传播并不是封闭的、单向的，而是互动的、双向的、甚至是多维的，这就是跨文化传播以及作为跨文化传播的翻译所共有的特征。

二、翻译的跨文化传播属性及因素分析

在进入全球化时代的21世纪，跨文化传播将渗透到人类生活的方方面面，从不同角度影响人们的思维和行为方式。美国学者亨廷顿认为，在当今时代，文化差异是客观存在的，而且将是未来世界冲突的主要原因。[④]要让世界充满爱、充满理解、充满和平，跨文化传播的通畅与否就变得十分重要。然而，在跨文化的传播活动中，人们大部分是通过文字（翻译）达到交流目的的，翻译和写作构成人们跨文化交流的基本形式，因而把跨文化传播同翻译研究结合起来，无疑可以开拓新的研究方向，丰富翻译研究的内涵。

翻译作为跨文化传播的主要方式，其传播过程必然符合跨文化传播的基本特征和属性。人们不妨从跨文化传播学的角度来分析一下翻译活动包含的各个要素。跨文化的信息传播过程具体涉及八个要素：谁传播、传播什么、通过什

---

① 罗选民．文化传播与翻译研究［J］．中国外语，2008（4）：91-94.

② 谭载喜．翻译学［M］．武汉：湖北教育出版社，2000：21-22.

③ 罗选民．文化传播与翻译研究［J］．中国外语，2008（4）：91-94.

④ 赵秀芳，田园．篇章英译理论与实践［M］．西安：西北工业大学出版社，2015：22.

么媒介传播、以何种方式传播、向谁传播、传播的目的是什么、在什么场合下传播以及传播的效果如何。这八个要素之间的关系是互相联系、彼此制约的，共同构成跨文化传播过程的有机整体。人们也将从这几个方面来研究翻译活动及其动态特征，即研究翻译主体、翻译内容、翻译渠道、翻译方式、翻译受众、翻译目的、翻译语境以及翻译效果，并通过这一有机整体来体现翻译的功能。

这些环节要素与跨文化传播相吻合，联系也极为密切，恰恰说明翻译的跨文化传播本质和属性。事实上，跨文化传播离不开翻译，而翻译就是跨文化传播。

（一）译者身份和译者行为

在这个环节，译者就是名副其实的跨文化传播者，其行为方式也就是把自身作为一个传播媒介来进行跨文化的传播活动。

1. 译者身份

在翻译这种历史悠久、对人类文明进程具有深远影响和意义的双语转换交流活动中，译者无疑是最为活跃的因素，因为译者既是沟通两种语言的媒介，又是保证交流顺利进行的关键。不通过译者主体的能动作用，翻译这一跨文化的交流活动就不可能完成。在某种意义上说，译者和作者一样都是在各自所处环境中构建着不同的文化。译者在促进不同文化交流方面起着重要的纽带和桥梁作用，因此在翻译理论研究及跨文化传播语境中对译者的身份和作用进行研究就显得十分必要和有意义。

纵观古今中外的翻译历史，作为翻译主体的译者可谓命运多舛，他们与原作者地位的变化与当时盛行的翻译理念密切相关。这些翻译理念在不同程度上制约着译者的翻译实践活动。翻译理论研究经历了从语言到文化，从原文转向译文，从规定性转向描述性的转变，译文地位从低于原文到等于原文再到比原文重要，译者的地位也从低于原作者到被认为在翻译活动中起决定作用等一系列转变。在翻译过程中译者的主体身份逐渐彰显，其主观能动作用也逐渐凸显出来。

2. 译者行为

在文艺学范式翻译研究中，过分强调译者主体的直觉和灵感，使一切都笼罩了一层神秘色彩。译者依赖自己的个性和天性，凭借自己广博的知识和深厚的文学功底，在翻译中往往显出较多灵气和创见。虽然这种创见有时剥离不掉个人的感情色彩，脱离了翻译的客体（文本、原作者、读者），忽视了译者的受制约性和同时作为受体的一面，但人们也看到了他们各自独到、精辟的见解，出现了许多不朽的译作，使译者主体性彰显无遗。

结构主义语言学派只关注文本这个客体，关注单纯的语言符号层面的转换，过分强调人类语言的确定性，把等值看作是翻译理论的核心，刻意寻求所谓的转换规律，从而产生一个与原文对等的文本。在此种理念的观照下，译者只要找到语言转换规律就可以大功告成了，翻译只不过是一种简单的语符编码、解码过程，不需任何创造性，译者在这里也就成为一台脱离时空或情感制约的“翻译机器”，其结果是造成了翻译过程中译者主体性消失殆尽，忽视了语言文化差异以及译者的主观能动性。

翻译不是一个被动的过程，不是对原文的简单“复制”和“模仿”，而是翻译主体积极参与的过程。读者应是文本的主人，对文本拥有绝对的阐释权；而译者作为文本的第一读者，无须再对原作者唯命是从。译者不该是消极被动的，译者可以自由地赋予文本某种意义而无须承担任何责任。译者的主体性至此达到了极致，得到了前所未有的张扬，而译者的主体性地位也逐渐确立起来。不过，人们强调译者对原作的重写或者摆布并不等于说就可以胡译、乱译，而是旨在矫正传统翻译研究中译者与原作者、译文与原文的不平等关系。

众所周知，翻译是一门富有创造性的艺术，根本无法脱离译者的主观性而存在。在这个创造过程中，译者又具有主体性，是翻译实践的主体。如果没有译者这一主体，任何翻译活动都不可能完成。另外，语言本身就是一个充满重叠意义和模糊边界的开放体系，其不确定性也赋予译者再创造的权利。由此在建构主义多元范式的翻译研究中，人们主张翻译就是两个主体借助语言这个媒介在他们各自所处的世界中进行平等对话，达到相互理解的过程。这就为主客对立的主体性思维带来的内在矛盾提供了积极的修正建议和解决办法，从而有利于译者主体研究的进一步深入。

（二）翻译语境和翻译材料的选择

这里的翻译语境就是进行跨文化传播活动的社会文化环境，包括人文环境及自然环境。翻译材料的选择就是为了某种目的而对传播内容进行的选择。

1. 翻译语境

翻译是在人类社会历史发展到一定的阶段才出现的跨文化传播交流活动，而且随着人类社会的不断发展而不断演变、日益丰富。当人们考察影响翻译的种种要素时，无论从宏观角度还是从微观角度，都必须也必然会注意到社会因素与文化语境结合在一起，对翻译起着综合的作用，即对翻译的选择、翻译的接受和翻译的传播起着直接的影响作用①。

一个社会的开放与否直接影响着翻译事业的开展。中华人民共和国成立以来，中国的翻译事业与社会发展就几乎是同步的。在中国基本封闭了对外大门的那个年代，翻译活动基本上得不到任何开展，几近停滞。而随着20世纪70年代末期开始实施改革开放政策以后，才迎来了翻译的春天。改革开放几十年来，翻译一方面为中国的改革开放起着桥梁的作用，而另一方面，改革开放的社会又为翻译的发展提供了宽松而自由的空间，中国由此迎来了历史上又一个新的翻译高潮。②

文学翻译深受社会开放程度的影响，科技翻译更是如此。近代以来，在中国社会历史发展的各个阶段，科技翻译对引进国外先进的科学技术起到了至关重要的作用。20世纪80年代，科技翻译更是取得了突飞猛进的发展。随着全球化进程的加快，科学技术与经济快速发展，科技信息涵盖面日趋广泛，信息需求量与日俱增，信息传播也日新月异。翻译作为跨文化交流的信息传播手段，正发挥着越来越重要的作用。

社会因素对翻译的影响并不是单一的，其中起作用的还有文化语境因素。英国人类学家马林诺夫斯基（Malinowski）最早提出了“文化语境”这一概念，认为文化语境包括当时社会的政治、历史、哲学、科学、民俗等思想文化意识，是对某一言语社团特定的社会规范和习俗的总体认知③。从宏观的角度看，文化语境常指一个国家、一个民族所处的文化空间以及与世界其他国家、民族构成的文化关系。应该包括生存状态、心理形态、生活习俗、价值伦理等组成的文化氛围以及译者在这一文化氛围中的生存方式和认知状态。文化语境所涉及的各个层面与翻译息息相关，因为就本质而言，翻译文本本身就是原文本在新的文化语境中的生命的延续与拓展。

翻译作为一种跨文化的传播交流活动，无论其形态意义如何，都是在一定的文化语境中进行的。而文化语境中所涉及的各个层面的因素，对从翻译的选择到翻译的接受这一整个过程的各个阶段都起着重要的作用。

2. 翻译材料的选择

社会发展及不同文化的交往是翻译存在的根本原因。功能目的派翻译理论认为，翻译是人类的一种有目的的行为活动，译者在翻译目的的引导下，结合译文读者、译文接受环境、译文要发挥的作用以及其他有关情况，对原作进行

① 许钧．翻译概论［M］．北京：外语教学与研究出版社，2009：128.

② 许钧．翻译概论［M］．北京：外语教学与研究出版社，2009：129.

③ 梁起峰．浅析马林诺夫斯基的文化观［J］．文化学刊，2017（1）：101-103.

选材和翻译。不同的社会发展阶段、不同的翻译语境需要选择不同的翻译材料和文本。以欧洲为例，无论是发生在 12 世纪的原始文化复兴，还是发生在 15—16 世纪的文艺复兴，翻译都起着开路先锋的作用。在文艺复兴期间，一些著名的人文主义者以古希腊人的艺术为对象，悉心研究他们所感兴趣的人文科学，如哲学、历史、音乐、诗歌、修辞等等。在当时的社会里，为重新发现古希腊和古罗马文化，尤其对古希腊和古罗马的哲学、艺术和文学的强烈兴趣促使一批批人文学者把目光投向了包括欧里庇得斯、西塞罗、贺拉斯等古典作家的重要作品，在翻译的选择上，体现了社会的需要和文化风尚的影响。

在历史动荡阶段或社会大变革时期，翻译家们往往出于政治目的，把翻译当作实现其理想抱负的手段，因此在选择翻译材料时，特别注重其思想性，如清末民初时严复、梁启超、胡适、鲁迅等人的选择，都充分地证明了这一点。以严复的翻译为例，在英国学习期间，他本是学习海军的，但是在维新运动期间，他开始选择翻译西方社会科学著作，在戊戌变法失败以后，他下决心以此为毕生事业。他强调了他的翻译目的，就是为了一个“国民之天责”。严复主张认准时势需要，选择材料，分先后缓急，有针对性地从事翻译工作。可见他是为了炎黄种族不至沦亡，为了中华民族的复苏而勤奋译书的，是对晚清现实政治的关注和国家民族命运的担忧①。

可以说，社会文化因素对翻译的影响是深刻、全面和直接的，不仅在微观上对翻译材料的选择、翻译策略的取向和翻译方法的运用发挥着制约和调节作用，也在宏观上深刻影响着译作的接受和传播。

（三）译作的传播渠道及其影响

译作的传播渠道就是跨文化传播渠道或途径，译作影响则体现了跨文化传播的影响环节。大量跨文化传播现象的发生是通过多种渠道进行的，包括使节的往来、宗教信徒出于信仰的热忱远赴异域求法或传教，还有作为物质文化传播途径的贸易甚至战争。在这些途径中，有些是有意识的，有些则是无意识的，而译作作为跨文化传播途径之一，其有意识特征是不言而喻的，通过出版、发行到读者接受，其结果或多或少都会对译入语文化产生影响。

1. 译作的传播渠道

这里所谓的译作主要是指那些经公开出版而发行传播的翻译作品。翻译与出版有着极为密切的关系，译作的社会存在，取决于三种人的相互关系，即译者、出版者、读者——这也就是大众传播学上经常讨论的信息发送者、传播媒

① 陈福康．中国译学理论史稿［M］．上海：上海外教出版社，1992：125-126.

介和受众。译作的大众化传播首先得从翻译出版这一渠道开始，从出版的角度来研究翻译活动，分析译者如何选择译作，出版者如何编辑加工及投入流通领域，读者如何选择接受和评价反应，从而研究从原作翻译到出版传播再到产生影响的过程，也是一个值得研究的新领域。

李景端在20世纪80年代就曾写过《翻译出版学初探》，从传播学的角度指出翻译出版就是文字翻译成果的延续和传播，是一种文字转换成另一种或多种文字之后，在传播面上的进一步扩散，并揭示了翻译与出版两者十分密切的关系，呼吁建立翻译出版学①。当然，除了出版传播之外，在当今时代也有通过各种大众传媒进行翻译传播的，比如电影、电视、互联网等，其独有的特点和作用也有目共睹，它们在跨文化传播中所发挥的功能与出版传播相比，甚至有过之而无不及。

2. 译作的传播影响与文化变迁

在讨论译作传播与文化变迁的关系时，首先要讨论“文化变迁”的含义。本书所言的“文化变迁”其实就等同于“社会历史文化的变迁”。需要说明的是，有些文化变迁的现象也是社会变迁的内容②

文化何以变迁？它的真正动因是什么？古今中外的学者曾就此问题提出过许多不同的解说，有从社会经济基础出发，有从科学技术发明和创造的角度出发，也有从战争、人口迁徙、疾病流行、自然环境的改变等方面进行阐发。

从跨文化传播学的视角看，外来文化的传播也是文化变迁的根本动因之一。跨文化传播的过程是一种异质语言文化翻译传播的过程。译介过来的可以是新思想，如科学、民主、马克思主义学说，也可以是新事物，如蒸汽机、望远镜、收音机、计算机等。人们讨论异质文化的影响，往往着眼于与异质文化传播者的直接交往，但事实上在整个跨文化传播中，这类接触在规模上和力度上毕竟不占优势。莎士比亚、达尔文、托尔斯泰以及马克思、恩格斯、爱因斯坦、霍金等，他们之所以能在中国读者心目中占据重要地位，对20世纪的中国文化产生巨大的影响，主要就是通过他们作品的翻译和传播，这其中有《哈姆雷特》《物种起源》《战争与和平》《共产党宣言》《时间简史》等等。可以毫不夸张地说，译作是跨文化传播的最为重要的载体。它把外来的新思想、新元素引入本民族文化系统，这种新思想和新元素经过与传统的思想、观念和价值取向的激烈的摩擦、冲突，再被本土文化结构所整合，成为本土文化获得生机和发展的根本所在，也构成了中国近现代文化史的重要组成部分，对

---

① 李倩，朱波．李景端的翻译出版思想及其启示［J］．翻译论坛，2018（1）：82-85.

② 司马云杰．文化社会学［M］．济南：山东人民出版社，1990：398.

中国社会文化的发展所产生的作用不容小觑。

在历史上，翻译传播活动对促进人们的思想和科学技术的变革，对社会文化的更新与进步，起过巨大的推动作用。在某种意义上，可以说一部整个人类的文化发展史就是一部人类跨文化翻译传播史。

第三章　基于传播学的旅游英语翻译策略研究

现如今，旅游产业在全世界范围内迅速发展。旅游业的迅猛发展不仅能给各个国家带来巨大的经济效益，更为世界各国之间的文化交流创造了更多的机会和平台。而近几年来，随着经济全球化与一体化的不断加深，跨国旅游被越来越多的人所青睐，人们想要走出国门领略异国他乡的风情。因此，英语作为国际交流的必备语言，对旅游产业的影响不容小觑。尤其在跨国旅游迅速发展的今天，旅游英语翻译对旅游信息的传播产生了重要的影响。本章主要以传播学为视角，分析了旅游翻译的相关概念，探讨了旅游英语翻译中存在的问题及对策，提出了传播学 5W 模式下的旅游英语翻译思路，同时系统阐述了旅游英语翻译的策略。

第一节　旅游英语翻译概述

一、旅游英语翻译的相关概念

（一）旅游英语

要进行旅游方面的翻译，译者必须精通两种语言。就旅游英语与汉语之间的翻译而言，对旅游英语进行界定就非常重要。因为只有明白了旅游英语的定义和特征，才能更好地将英语译成汉语，反过来也可以将中文旅游材料更好地译成英文。尤其是在倡导中国文化“走出去”的今天，了解旅游英语的归属以及总体特征，可以更好地将中国这个具有五千多年文明的国度的旅游历史、文化、地形地貌、风土人情、物产美食等更好地介绍给外国人，吸引更多的外国游客前来中国旅游观光，使得这些游客更好地了解中国的一切，这对树立中国的国家形象、促进中国文化的对外传播乃至提高中国的软实力均具有非常重要的意义。

旅游英语属于专门用途英语（English for Specific Purposes，即 ESP），即用于旅游行业、为旅游提供服务的英语，满足旅游推介者的宣传目的和潜在游览者获取信息的目的。旅游英语可以定义为与旅游行业有关的英语，是为了实现旅游的目的而使用的英语。由于旅游涉及诸多方面，如景点介绍、当地习俗与文化、地方物产、餐饮与住宿、交通等诸多方面，所以旅游英语就难免涉及景点的景色描写、地理位置、历史沿革、文化、风俗、具体特产、美食等，同时不仅包括平铺直叙的文字，还涉及宣传甚至广告，因此这些内容中不乏行业术语、文化意象、修辞手法、礼貌语气和宣传语气等。[①] 也就是说，旅游英语不仅有其自己的语言特征，更有其独特的修辞特征、文化特征和语气特征等。

（二）旅游翻译

旅游翻译应是为旅游活动、旅游专业和行业所进行的翻译（实践），属于专业翻译；从事这项翻译的工作者可宽泛地称为旅游（专业）翻译（者）。这类翻译包括笔译和导游翻译（含口译）。同其他类型的翻译相比，旅游翻译“在跨文化、跨心理交际特点上表现得更为直接、更为突出、更为典型、更为全面”[②]。这实际上体现了旅游文本的特点以及旅游翻译的目的。

（三）旅游英语翻译

旅游英语翻译是指有关旅游业和旅游活动的旅游文本之间的英汉互译，既要传达出旅游文本的信息，又要传达出原文的“呼唤语气”，属于应用翻译，具有实用性、目的性、专业性、匿名性（即作者的名字与地位不重要）、专业性等特点。[③]

二、旅游英语翻译的重要性

随着世界经济的发展和全球化的日益加深，跨国旅游已经成为人们丰富精神生活的重要手段。随着中国经济的发展和人们生活水平的提高，越来越多的中国人渴望走出国门游览观光。与此同时，越来越多的外国人也希望来到中国

---

① 朱梅．旅游英语与翻译实践研究［M］．石家庄：河北人民出版社，2017：4.

② 彭萍编．实用旅游英语翻译——英汉双向［M］．北京：对外经济贸易大学出版社，2016：10.

③ 纪俊超，纪菲菲，杨红．旅游英语翻译实务［M］．合肥：中国科学技术大学出版社，2014：13.

探索这个古老国度的名山大川、人文景观等，感受中国历史悠久、丰富多彩的文化，见识中国经济飞速发展的结果。旅游可以使人认识不同国家、不同地区的地理风貌、历史沿革、文化风情、宗教习俗等，开阔人们的眼界，丰富人们的知识。同时，旅游也是各国、各地区推动当地经济发展的重要途径。

另外，由于中国经济的快速发展，中国人民日渐富裕起来，中国内地出境游人次迅速上升，所以很多国家希望到中国宣传他们的旅游产品从而吸引更多的中国人前去旅游，而中国也愿意吸引更多的外国人到中国游览，促进中国经济的发展。根据世界旅游组织（World Tourism Organization）预测，中国在未来的十几年中将成为全世界最大的旅游目的地国（tourist destinations）之一。

对世界上很多国家来说，旅游业是一个很大的产业，因为旅游业不仅带来了旅游景点的门票收入，更重要的是带动了交通、餐饮、酒店、手工艺、文化体育等相关产业的发展。任何发展离不开交流，而众多的口头交流和书面交流均离不开翻译。旅游文本的英汉互译在中外旅游业的推广和经济发展以及丰富人们的精神生活方面都发挥着至关重要的作用。将中英文的旅游材料进行翻译，有利于旅游景点的宣传和旅游的推广。好的译文不仅有利于经常旅游的人查阅信息、了解景点的情况，还可以使没有条件或不愿旅游的人不必前往旅游目的地就可以通过翻译过来的文字了解该目的地的自然景观和人文景观。更重要的是，随着互联网以及图书资料出版社的发展，很多打算出门旅游的人在出门之前一般都会做一些有关目的地的“功课”，查找目的地的旅游景点介绍、住宿、交通、习俗等信息。对于跨国旅游来说，这些信息的翻译是非常重要的。

旅游英语翻译可以说是当今应用文体翻译中非常重要的一种，对促进中外旅游文化交流和推动旅游经济的发展起着举足轻重的作用。所以在掌握一定英语基础知识的前提下，系统地学习一下旅游英语翻译，特别是掌握中英文旅游材料的文体特点、熟悉中英文旅游材料中的文化现象及其翻译策略，是培养译者个人技能、谋求个人发展的一种手段，特别是对有志于从事跨国旅游行业工作的人尤为重要，同时，掌握旅游英语翻译技能可以使译者个人更好地跟上时代的发展，更好地为旅游业服务，为中外经济和文化的交流和发展做出自己的一份贡献。

第二节 旅游英语翻译中存在的问题及对策

一、专有名词译文标准不统一及其对策

这里的专有名词指的是城市（县城/乡镇）、山峰、山脉、河流、湖泊、铁路、公路、景点、旅游活动等的名称。[①] 在不同的旅游文本中，上述专有名词的翻译多见不统一的现象。例如，有的文本中将天津的“蓟县”（现为蓟州区）译成了 Ji County，有的译成了 Jixian County，还有的译成 County Ji；将“泰山”译成 the Tai mountain，有的译成 the Taishan mountain，还有的译成 Mountain tai 或 Mount tai。再如，在不同的版本中，“太湖”分别被译成了 Lake Tai、Tai Lake、Taihu Lake 和 Lake Taihu。有的把“兰新铁路”译成 Lanxin Railway，但在另一版本中同样是铁路名称的“京沪铁路”又译成了 Beijing-Shanghai Railway。由此可见，铁路名称的翻译也没有统一的标准，更不用说像一些有着深刻文化内涵的景点名称翻译，如“高山流水阁”“花港观鱼”这样的景点到底是应该采用音译（Gaoshanliushui Pavilion 和 Huagangguanyu）还是意译（High Mountains and Flowing Waters Pavilion 和 Viewing Fish at the Flower Harbour）。

针对上述问题，译者必须对每类专有名词的翻译标准进行统一。其中，城市（县城/乡镇）、山峰、山脉、河流、湖泊除少数意译（如“珠江”译成了 the Pearl River）外，其他基本都采取音译，如“井冈山”应该译成 the Jinggang Mountain，而且如果名字中只有一个字，一般要变成双字，比如上文提到的“蓟县”应该译成 the Jixian County，“泰山”应该译成 the Taishan mountain，“太湖”应该译成 the Taihu Lake，而不是 the Tai lake，“汴河”应该译成 the Bianhe River，而不是 the bian river。我国的铁路和公路名称一般取起止点的简称，但翻译时应该将起止点的全称翻译出来，即“京沪铁路”应该译成 the Beijing-Shanghai Railway，“兰新铁路”应该译成 the Lanzhou-Urumqi Railway，“京津塘高速公路”应该译成 the Beijing-Tianjin-Tanggu Expressway，“京福高速”应该译成 the Beijing-Fuzhou Expressway。景点名称要根据景点的具体情况而定，如果按照字面翻译出意思既简短又容易理解，则可

① 丁大刚．旅游英语的语言特点与翻译［M］．上海：上海交通大学出版社，2008：18.

以翻译字面的意思，如果按照字面译出显得比较冗长，而且不容易为英语读者所理解，则需要使用音译。国内不少景点就是简短意译的最佳范例，如“西湖”的英文为 the West Lake，“颐和园”的英文为 the Summer palace，“紫禁城”的英文为 the Forbidden City，“千佛山”的英文为 the Thousand Buddha mountain，“五四广场”的英文为 the May Fourth square，“蓬莱阁”的英文为 the Penglai Pavilion 等。也有些景点是音译的代表，如“西安半坡博物馆”的英文为 the Xi’an Banpo Museum。但是也有一些景点译得不好，比如“龙井村”译成 Dragon Well Village 就不妥当，尤其是 dragon 这一词容易让英语读者产生不好的联想，再比如上文中的“高山流水阁”如果译成 High Mountains and Flowing Waters Pavilion，显然有些冗长，而且其中的典故也并非英语读者所能理解，所以不如音译或者将其简单意译成 Friendship Pavilion。至于“花港观鱼”的译文虽然有些冗长，但毕竟英文所呈现的就是一种感性的认识，所以英语读者会明白意思，从而了解来到该景点会看到什么。至于活动名称，一般应采用言简意赅的方式译出，比如“中华泰山封禅大典”译成 the Ceremony of Worshipping Heaven and Earth on the Taishan Mountain 是可以接受的。

因此，针对专有名词的翻译，有关旅游部门和翻译协会应该联合探讨标准译名或翻译的原则，向社会发布，从而使得专有名词的翻译能够统一，或者至少有一定的统一原则可以遵循。同时，译者也要多留意专有名词的翻译原则，熟悉专有名词的文化内涵，考虑到目的语读者的接受心理，从而更好地翻译中文旅游材料中的专有名词。

二、用词不当及其对策

词是能够独立运用的最小语言单位，也是能自由运用的音义结合体，句子乃至整个段落的意思都是由一个个词在一定的逻辑关系中的意思组成的。因此，词的意义直接影响读者对句子甚至对整个篇章的理解。英国批评家斯威夫特（J. Swift）非常重视词与文本的意思，他谈及词语与文本的关系时指出：“在恰当的地方使用恰当的词，这就是风格的真实定义（Proper word in proper places makes the true definition of a style）。”① 吕叔湘先生也说过：“句是积词而成，不认识单词的意义，句的意义必然模糊不清。不但是为求了解必须从词义入手，而且为了达意更非彻底认识单词的意义不可。好比一个皮匠你不能教他缝衣服，一家酱坊你不能进去买糖果。”② 旅游英语翻译是一种实用性较强的

① 徐丹．旅游英语文化透视与翻译解析［M］．成都：四川大学出版社，2018：21.

② 温红霞．旅游英语翻译实践与跨文化交际［M］．延吉：延边大学出版社，2019：17.

文体，这种文体重在向游客提供旅游目的地的信息并暗中激励游客采取行动，那就是前往目的地旅游，因此在翻译过程中应该考虑到使用目的语读者接受的词语。在汉语旅游文本英译的过程中，要照顾到英语读者的接受，一方面要使用地道的英语词语，另一方面又要考虑到英语旅游文本的用词特点。可是，目前国内有些旅游文本翻译依然存在用词不当的现象。比如，将“花香袭人”译成 flowers' fragrance attacking people，将“惊险刺激”译成 full of danger and risk，将“令人流连忘返”译成 forget about home，将“延缓衰老”逐字译成 prolonging aging process 等。

以上错误显然是词对词的翻译，没有根据英文的表达习惯做出调整，甚至没有完全把握英文单词的意思。要避免这些表现在用词不当方面的“中式英语”现象，译者应该做到以下几点。

首先，翻译中要考虑语言语境。根据语言语境选词的问题是老生常谈的问题，但是说起来容易，做起来难。具体说来，译者不仅要了解中文语境中词的意思，还要注意英文单词的用法和搭配，即在语境中选择合适的对应词，而不是“望词生译”。比如，broad 指 large in area（有“广阔”之意）或者 wide in scope（有“宽泛”之意），因此 broad visitors 属于搭配不当，应该改为 a large number of visitors。再比如，中文中在介绍大运河时会使用“绿色水练”这一表达，很多译者就会将它译成 green water chain 或 green water belt，实际上这两种译文均没有考虑到“水练”一词在中文语境中的意思，也没有考虑到 chain 和 bet 在英文中的意思。中文中“练”有“绢”（“丝绸”）的意思，另外中文里形容水的清澈时往往会使用“绿”字，如“白毛浮绿水”“青山绿水”等，但是英文形容水的清澈一般不用 green，反而使用 blue 或其他一些词，如 turquoise，因此“绿色水练”译成 blue ribbon 或 blue water。

其次，译者需要多阅读英语的旅游材料，学会英语旅游材料中常用的表达方式，从而在遇到中文相同或相近的意思时就可以模仿英文的用词和表达，比如上文的“惊险刺激”在英文旅游材料中表达同样的意思时会使用 adventures 和 excitements。

最后，避免上述用词不当现象最为有效的方式是，如果感觉自己的译文很别扭，就应该摒弃这种“词对词的翻译”，而是先对原中文的词进行语内解释，然后再进行翻译。比如，“花香袭人”的语内意思是花香很吸引人或者就是“很香”的意思，所以应该译成 attractive fragrance 或者根据在上下文中的功能直接译成一个形容词 fragrant，将“延缓衰老”译成 prolonging aging process 时听起来就有些奇怪，而且从意思上说就意味着把人的老化过程延长而不是推后，因此在语内将其解释为“延缓衰老”后就可以译成 delaying aging。

三、语法错误及其对策

虽然每种语言都有自己的体系，包括语音、词汇、语法和句法体系，但语言之间在这些体系上又存在较大的差异。比如，在语法体系方面，中英文的差别不言而喻。英语以丰富的形式特征描述确定的意义世界，使用各种形式来表达意义，语法较为精确。

一言以蔽之，英语以形统意。与英语相比，汉语则不重视形式，重视内心的领悟和融会贯通，形式受意义的制约。一言以蔽之，汉语以意统形。正是两种语言之间的语法差异，使得翻译过程中会出现这样或那样的错误。在汉语旅游材料的英译文本中，语法错误也是一个明显的问题。下面以具体例子进行分析。

例 1：天井峡的地裂长达 37 千米，为世界之最。

原译：The earth fissure in the Tianjing Gorge is 37 kilometers in length，where is the longest fissure in the world.

例 2：特别是大型动物广场艺术——百兽盛会，场面浩大，百兽齐欢。

原译：Especially，the fantastic animal show—the animal parade which you in will see the majestic-looking King of Animals.

不难看出，上述例 1 中，定语从句显然存在错误，如 where，另外这个定语从句离所修饰的词 fissure 太远。这句话的英文如果改为 The earth fissure in the Tianjing Gorge，37 kilometers in length，is the longest fissure in the world，则语法正确，而且句式结构比较平衡。例 2 的译文显然不是一个句子，而且 which you in will see the majestic-looking King of Animals 的语法错误太明显，而且属于比较低级的错误，整个译文的意思也与原文相去甚远。这句话的英文应该改为：Especially，you will enjoy the fantastic animal show—the parade of so many animals.

之所以出现上述语法错误，就是因为汉语本来的语法不像英语那样严谨和单一，因此译者很容易将自己母语中的一些表达习惯直接迁移到英文当中去。比如，汉语没有后置的定语从句，只有前置的定语从句；汉语可以没有谓语动词，但英文任何一个句子都必须有谓语动词，除祈使句以外，其他句子都必须是主谓句。实际上，一般从事上述翻译的译者基本都学过英语语法，可真正做起翻译来又很容易出现语法错误。究其原因，依然在于中英文的两种思维和两种语言的语法差异。因此，要解决语法问题，译者必须了解中英文的语法差异。

著名语言学家雅各布逊（Jacobson）指出，对两种语言进行比较意味着检查两种语言的相互可译性。语际交流，特别是两种语言之间的翻译活动一定要成为语言科学的悉心研究对象。① 译者必须注重提高自己的语法素养，尤其要阅读一些英汉对比的书籍，这些英汉对比的著作中应该包括英文和中文的以下语法差别：形合和意合、被动与主动、主谓句与主题句/无主句、后置与前置等。通过对这些专题的阅读，译者就会联系自己所学过的英语语法规则，同时了解到：英语是形合语言，汉语是意合语言，所以汉译英时需要添加连接词；英语被动语态使用得比汉语频繁，所以汉译英时要注意是否应该把主动变为被动；英语的修饰成分除单词外，短语或句子一般后置，修饰成分可以向右无限延伸，而汉语的修饰成分一般前置，所以汉译英时应注意合理安排修饰语的位置，注意从属关系，尤其是定语从句；当然还有其他一些区别，如介词的使用、句子的平衡；等等。

四、译文冗余及其对策

德国语言学家、哲学家洪堡特（Humboldt）认为，语言不仅有表意能力，而且还有认知功能，是“一个民族进行思维和感知的工具”。② 众所周知，中西思维存在较大的差异。中国人重艺术、重直观、重美学渲染，西方人重逻辑、重推理、重事实。正是因为中国人重艺术、重直观、重美学，所以中文的旅游材料中充满了描述、渲染的词汇和短语，有以意驭文、虚实相生、简隽空灵、工整对偶、节奏铿锵的特色，有的还引经据典，宣传在措辞上远离了平实和准确的标准。高存、张允在其《旅游文本的英译——问卷调查与策略探讨》一文中指出，在他们的调查中，62%的英语读者认为译者如果照搬中国旅游材料中在景色细节方面大肆渲染的表达模式，会给人华而不实之感，从而会引起读者的反感和怀疑。③ 例如：

群山环绕，历经亿年沧海桑田；大河奔流，见证华夏文明变迁；长城横贯，目睹沙场刀光剑影。在这片约占中国陆地面积4%的广袤土地上，黄土高原雄浑粗犷、千姿百态，塞外大漠沙海凝波、烟直日圆，河套地区沃野千里、胜似江南，关中平原良田万顷、阡陌纵横。

原译：The surrounding mountains have experienced vicissitudes of time; the flowing big rivers have witnessed the changes of the Chinese civilization; the Great

---

① 郭定芹．文化差异视角下的旅游英语翻译［M］．延吉：延边大学出版社，2018：46.

② 杨锛瑜．旅游英语的翻译技巧与策略研究［M］．芒：德宏民族出版社，2018：27.

③ 高存，张允．旅游文本的英译——问卷调查与策略探讨［J］．上海翻译，2005（3）：22-25.

Wall has seen the glint and flash on battlefields. On this land occupying 4% of China's land area, the Loess Plateau is wild, rough and of various forms; the desert beyond the Great Wall has straight smoke and round sun, with vast sand ground with waves; the Hetao Area has fertile land similar with that of Jiangnan, the lower reaches of the Yangtze River; and the Guanzhong Plain has thousands of acres of rich farmland with crisscrossed paths in it.

上述例子中的原文非常直观地再现了汉语背后中国人的思维模式：重艺术、重渲染、重虚实相生，因此在表达中使用了对仗、排比、夸张等修辞手法，同时使用了汉语惯用的四字成语，如“雄浑粗犷”“千姿百态”“沙海凝波”“烟直日圆”等。但是，英文的思维模式在于看重事实和逻辑，因此上述完全拘泥于汉语原文的翻译显然不符合英语读者的思维和审美预期，尤其是动词 experience、witness、see 的语义重复，以及上述四字成语的翻译显得冗长，意义模糊。建议译为：

The mountains have witnessed the changes of nature; the Huanghe River, the development of the Chinese civilization; and the Great Wall, so many wars in the Chinese history. On this land occupying 4% of China's land area, the Loess Plateau is wild, with various forms; the desert beyond the Great Wall is like a yellow sea of waves; the Hetao Area has fertile land comparable to that of Jiangnan, the lower reaches of the Yangtze River; and the Guanzhong Plain has acres of farmland like a chessboard with rich soil.

由此可见，在翻译中文旅游材料（尤其是景点介绍和宣传的材料）时，一定要注意两种语言背后思维模式的不同会造成两个民族对事物表达的预期不同。总体说来，汉语的旅游具有简隽空灵、委婉含蓄、工整对偶、节奏铿锵的特色，诗情画意盎然，极大地迎合了汉民族的审美心理，体现出汉民族极富东方哲理的美学思想，而西方传统哲学思维偏重客观理性，突出个性、主客观对立的特点。体现在语言表达形式上，就出现了英语句式构架严整、表达思维缜密、行文注重逻辑理性、用词强调简洁自然的风格语言，最忌重复累赘，追求一种自然流畅之美。因此，译者需要对中西思维的差异了然于心，而且在将中文旅游材料翻译成英文的过程中，谨记这种思维上的差异，用符合英语读者的表达方式进行表达，在生产和检查译文的过程中，一定要将自己扮作英语读者，而不是中文读者，摆脱中文思维对自己的影响，从而保证自己的译文不再冗长拖沓，而是简明易懂，被英语读者所接受。

五、文化元素处理不当及其对策

语言的背后是使用这个语言的民族所具有的独特的文化和世界观。正如美国语言学家萨丕尔（Sapir）所说，语言究其本质是文化的。[①] 由于语言是交流的工具，而人们交流的正是他们的知识、情感和文化，所以语言真正承载的就是使用这种语言的人在长期的实践过程中积累的文化信息。但是，由于不同民族所处的地理环境不同、历史沿革不同、思维习惯不同，也就形成了不同的心理认知系统和不同的文化价值体系，从而在其语言中形成了彼此不同的表达方式，即文化元素。具体说来，文化元素指某一特定文化中的表达方式，与一个民族的生态环境、物质生活和精神生活、风俗、宗教等具有密切的关系。语言中文化元素的存在为两种语言的翻译者提出了挑战，怎样在目的语中找到恰当的语言来表达语言所承载的文化元素。陈刚指出："旅游翻译是为旅游活动、旅游专业和行业所进行的翻译实践，是一种跨语言、跨社会、跨时空、跨文化、跨心理的交际活动。"[②] 旅游文本往往会涉及景点的历史文化，尤其是在中国这样一个具有五千多年文明历史的古老国度，可以说几乎所有的旅游目的地都会有一些文化景观，或者在语言表述中会使用具有中华民族惯用的文化意象，这些文化元素如果在翻译中不能正确处理，就会对宣传的景点产生负面的影响。请看下面的例子：

天坛是明清两代帝王用以"祭天""祈谷"的建筑。

原译：The Temple of Heaven was a complex used by emperors in the Ming and Qing dynasties to offer sacrifices to heaven and pray for corn.

这个例子中的"祈谷"并非真的是"祈求得到谷物"，实际上代表了中国文化中希望五谷丰登的丰收景象，因此简单地将"祈谷"译成 pray for corn，实际上并没有真正传达出该词的文化内涵，而且在英文读者看来会感到有些怪异。另外，"祭天"与"祈谷"之间没有标点符号，说明后者是前者的目的，因此，这句话应改译如下：

The Temple of Heaven was a complex used by emperors in the Ming and Qing dynasties to offer sacrifices to heaven in request of a harvest.

由此可见，译者在翻译过程中，应该将带有中国文化特色的元素的真正内涵翻译出来，即翻译到位。具体而言，这些带有中国文化特色的元素有的需要变通，有的需要简化处理。因此，译者要了解中西文化的不同，善于积累，善

① 傅冀耀．旅游英语与翻译实践研究［M］．长春：东北师范大学出版社，2016：24.

② 肖乐．旅游英语翻译研究［M］．长沙：湖南师范大学出版社，2014：47.

于归纳总结，使用有利于目的语读者接受的方式传达文化问题。尤其是中国文化中与英语文化冲突的地方或者直译后英语读者无法理解的文化现象，均应摒弃文化的直接移植，而采用解释、归化、删减或者增加注释的方法进行翻译。

第三节　传播学5W模式下的旅游英语翻译研究

一、5W模式解读

传播学研究先驱哈罗德·拉斯韦尔（Harold Dwight Lasswell）在1984年发表的《传播在人类社会中的结构与功能》一文中提出著名的5W传播模式，拉斯韦尔认为传播过程由五个基本要素构成，即谁（who）、说什么（say what）、通过什么渠道（in which channel）、向谁（to whom）、有什么效果（with what effect）。① 5W模式准确而清晰地阐明了传播的过程，成为传播学理论的经典。随后，针对这五大传播要素，拉斯韦尔又提出了相应的五种传播研究方法，即控制分析、内容分析、媒介分析、受者分析、效果分析（图3-1）。本书借鉴拉斯韦尔的5W传播模式以及研究方法，并结合新媒体时代网页英语翻译的特点，从传播学角度对旅游网站文章英汉翻译进行研究，力图将翻译理论与传播学理论相结合来指导翻译实践，为网站英语翻译提供一些新思路。

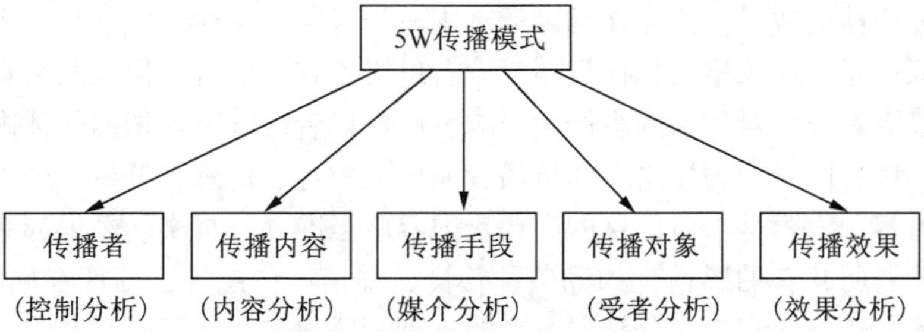

图3-1　5W传播模式示意图②

① 翟莲．跨文化旅游英语及其翻译探索［M］．中国原子能出版社，2019：76.

② 刘芳，陈铭，唐曌曦．旅游英语文化透视与翻译解析［M］．上海：上海交通大学出版社，2017：93.

二、5W 模式下的旅游英语翻译研究

（一）从传播者（who）方面分析

传播学家库尔特·卢因（Kurt Lewin）曾提出“把关人（gatekeeper）”的概念，卢因把参与信息传播过程中的记者、编辑、制作人等都称为把关人，他们对信息进行选择、过滤、删减或增加，最终决定向传播对象提供哪些信息①。可以说这些把关人也就是传播过程中的传播者。传播者是传播过程中十分重要的一个因素。从传播过程的控制分析来看，人们对翻译主体的认识应当更加全面。在整个传播过程中，译者既是信息接收者又是信息传播者，具有双重身份。作为信息接收者，译者必须充分理解原文，排除干扰，努力将噪声减小到最低。作为信息传播者，译者需要对信息进行选择、过滤或删减，生成最终的译文呈现给读者。除此之外，译者作为传播过程中的重要因素，不仅要有扎实的专业知识（包括语法知识、翻译理论与技巧、传播学理论等），而且要对两种语言的文化背景和思维模式有深刻的理解，还可以借助文学、语言学、地理学、心理学等其他学科的知识指导翻译实践。

（二）从传播内容（say what）方面分析

传播内容是指传播的信息，由相关联且有意义的符号所构成。在传播过程中，内容占据重要的地位，尤其在新媒体环境下，传播内容必须有足够的价值才能保证传播的效果。因此在翻译活动中，译者除了关注语言本身所表达的信息外，原作者写作风格与创作意图、读者思维方式与语言习惯以及网页传播的特殊性等因素都会对传播内容产生影响，所以译者应该宏观把握传播内容。除此之外，译者同时作为接受者和传播者应该从内容、情感、分析三个方面把握传播的内容。内容是指对信息的交代，内容应当准确、真实、经得起考证；情感是指读者所共有的感情，如勤劳、善良、守信、仁慈等，即使在网络社会，也是如此，传播内容应充分把握读者的这种情感取向，从而引起共鸣；分析是指对信息的理性分析，译者在传播内容的时效性、互动性、接受性等方面，也应做出一定努力。②

---

① 陈兆军，吕春莉．旅游英语应用与翻译研究［M］．北京：新华出版社，2016：108.

② 许艳平．旅游专业英语教学理论与翻译实践［M］．哈尔滨：黑龙江人民出版社，2019：95.

（三）从传播手段（in which channel）方面分析

传播手段即传播媒介，是指传播信息的载体。下面从两个方面对其进行研究，首先符号是表达信息的方式及手段，这里所说的符号也就是语言。语言的习惯性、民族性、创造性等都是译者在翻译过程中应当充分考虑的方面。例如，近几年网络用语兴起，其使用及传播范围逐步扩大，译者在翻译过程中可以考虑适当用网络用语表达信息，从而拉近与读者的距离，增添趣味性。其次，媒介是传播符号的载体。所以在新媒体时代下，人们应该充分考虑媒介的特殊性。根据互联网传播的数据化、可视化、互动性，译者在翻译的过程中可以将图片、视频等手段放入其中，并且开启留言、排行榜等互动模式，极大地丰富了传播手段。

（四）从传播对象（to whom）方面分析

著名学者刘宓庆说过："在翻译中，原语文本是静态的、个体的，而接受者则是能动的、可变的、群体的。"① 所以译者不仅要完成内向传播，充分理解并准确翻译原文；更要进行人际传播，将传播内容传递到读者那里，并由读者再次把信息传递给另一批读者。这就要求译者对传播对象有充分的了解和把握，包括他们的认知结构、教育程度、审美倾向、思维模式、年龄层次、社会地位、文化背景等方面。通过对这些方面的研究，及时调整翻译策略及方法，以更好地达到翻译的目的。与一般读者不同，网民作为传播活动的受众群体，译者应充分了解网民的阅读习惯及心理需求，并利用网络的互动性，全面把握传播对象。

（五）从传播效果（with what effect）方面分析

作为传播过程中的最后一个阶段，传播效果是诸多因素相互作用的结果，是翻译传播活动的检验和总结。判断传播效果好坏的一个重要标准是反馈（feedback）。在翻译过程中，可以把反馈分为内部反馈和外部反馈，内部反馈是指译者对原文产生的反馈，外部反馈是指读者对译者及原文产生的反馈。译者可以利用内部反馈，预测信息到达读者那里后可能产生的效果，及时调整翻译策略和方法，使传播活动顺利进行。外部反馈包括网民、媒体、旅游机构等的反馈，关注这些反馈有益于提高翻译质量。总之，译者应充分利用反馈的调控作用来提高传播效果、达到预期目标。

---

① 许艳平．旅游专业英语教学理论与翻译实践［M］．哈尔滨：黑龙江人民出版社，2019：88.

第四节　旅游英语翻译的策略分析

一、直译与直译加注释

（一）直译

“直译”就是忠实地传达原文的信息，除结构根据中英文的差异会发生改变外，其他无须做任何的变通。一般说来，如果原旅游文本包含的均是实质性信息而且没有太多特殊的文化内容，直译不会引起读者的误解，反而会让读者感到信息很充足，这种情况下就应选用“直译”这一策略。

例1：On the southern slope of Goms, at the entrance to the Binn Valley, lays the mountain village of Ernen. A neat little village, with the parish church visible from afar, in fact awarded a prize for its particularly well-preserved village image. Here, since more than 25 years, annual concerts and master classes with renowned names in classical music have taken place in the “Music village” Ernen.

小山村厄嫩位于戈姆斯南坡上，位于比恩山谷的入口处，在很远的地方就能看到小村的教区教堂。实际上，这座整洁的小山村因为保存特别完好的村庄形象而获得过大奖。这里的年度音乐会和大师班已举办超过25届，众多古典音乐界的著名人物都曾出现在“音乐村”厄嫩。

例2：紫禁城分成两部分，前面部分有三大殿。皇帝在这里处理朝政，主持重要仪式。紫禁城内所有建筑物的屋顶都是黄瓦，黄色只有皇帝才能使用。

The Forbidden City is divided into two sections. The front part has three large halls, where the emperor dealt with the state affairs and conducted important ceremonies. All buildings in the Forbidden City have roofs of yellow tiles, for yellow was the colour for the emperor.

（二）直译加注释

直译加注释就是在括号内对译文添加一些简单的注释内容，尤其是对一些音译的人名、地名或事件名等进行意思上的解释，从而使读者更好地了解其中涉及的人物、地方或事件等，激发读者的情趣并丰富读者的知识结构。[①] 从某种意义上来说，注释是增词法的一种表现形式，但一般仅对前面的词进行解释。例如：

Friedrich Nietzsche, Richard Wagner, Hermann Hesse, Thomas Mann, Arturo Toscanini, Richard Strauss, Herbert von Karajan and many other famous personalities from the worlds of the arts and culture have contributed to the myth and nimbus of this valley. "Schlittedas-Chalandamarz", an own architectural style (the "Engadine house"), and the famous Engadine nut tart are also a part of it all.

弗里德里希·尼采（哲学家）、理查德·瓦格纳（音乐家）、赫尔曼·黑塞（作家，曾获诺贝尔文学奖）、托马斯·曼（作家，曾获诺贝尔文学奖）、阿尔图洛·托斯卡尼尼（指挥家）、理查·施特劳斯（作曲家）、赫伯特·冯·卡拉扬（指挥家）以及其他众多著名的艺术和文化名人为这一山谷增添了神秘和灵气。独特的建筑风格 Schlittedas-Chalandamarz（恩嘎丁之屋）以及著名的恩嘎丁坚果甜饼也是其文化的一部分。

一般来说，英语旅游材料译成汉语时添加注释的情况不是很多，因为大部分英语旅游材料中除名人以外，很少涉及其他难懂的信息，所以一般不需要添加注释。直译加注释更多地适用于汉译英。例如：

当时在城西南的锡山开采出了锡矿，锡矿发现后，人们就把这个地方称为“有锡”。天长日久，锡矿挖完了，“有锡”便改成了“无锡”。

Then on the Xishan Hill to the southwest of the city, a tin mine was discovered. After that, the city was named "Youxi" (which means "having tin"). As time went by, the tin mine was exhausted, and the city was renamed "Wuxi" (which means "having no tin").

二、归化与异化

（一）归化

“归化派”强调将目的语文化作为归宿，其理由如下：

①通常来说，强制将源语的语言规范运用到目的语中是不切实际的。同时，用源语文化的体系对目的语文化进行阐释具有很大的风险性。

②翻译与交际等同，因此，防止文化冲突是译者的重要任务之一。

③倘若译文传递的内涵与表现的方式与译文读者对现实世界的认知相契

① 饶岩岩．旅游英语翻译对文化传播的作用［J］．白城师范学院学报，2018（11）：68-70，79.

合，读者对译文的领悟就会更加深刻。因此，应该努力推动源语文化向目的语文化转变。

④译者不能勉强目的语文化的读者对源语文化作者的生活环境有非常细致的把握，而应努力推动源语文化所描述的世界向目的语文化读者的世界靠拢。

⑤站在交际的角度，某种交际方式在一种文化中效用突出，并不意味着它在其他文化中也能发挥积极作用。意译在一定程度上来说就是在源语文化与目的语文化之间取得“文化对等”。简单来说，归化译法追求译文符合译入语言及文化的规范，行文流畅，使译文读者能以原文读者基本相同的方式理解和欣赏译文，实现动态对等。

旅游资料属于宣传资料的范畴，吸引游客、激发兴趣、传播文化是其主要目的。文化信息功能的传译是翻译过程中的一个重要环节。不管何种内容、何种文体，都要以将文化信息与文化背景知识传达给读者这一宗旨为核心，使读者认同、接受异国文化。译者应该根据以下原则对文化元素进行处理：一方面，以中国文化为基础；另一方面，以译文读者为指引。以中国文化为基础，即尽可能地将中国文化信息留存下来，推动文化交流；以译文读者为指引，即站在译文读者的角度，在保留原义的前提下，对旅游资料的信息量与篇章结构加以修改，使读者易读易懂，进而将中国文化信息传递给译文读者，提高其旅游兴致，实现旅游资料英译的目标。例如：

A fascinating city between sea and sky, like Venus rising from the waves, Venus welcomes tourists from the five continents drawn to her by the charm of her water and pellucid light, free from all dust and cooled by the sea breeze. She also offers the intellectual pleasures to be derived from her masterpieces which mark the meeting of East and West.

威尼斯水城海天相连，景色迷人宛如碧波中涌现的维纳斯，吸引着五大洲的游客。她水色旖旎，波光澄澈，清风拂面而来，荡去你心中的不快与烦恼。而城中那些集东西方艺术之大成的艺术杰作，更给你以精神上的享受。

一般而言，英语旅游文体大多风格简约，结构严谨而不复杂，行文用字简洁明了，表达直观通俗，对信息的精准性与语言的实用性非常重视，最忌啰唆堆砌。大多数情况下，为了对自然进行真实呈现，在描绘景物时，通常会通过客观的具象堆叠传递景物现实之美，使读者对景物的印象准确、具体。而汉语旅游景介的写作要显得“文采浓郁”一些，多仰仗辞藻的渲染而不是物象的明晰展示。由于历来受古典山水诗词及山水游记散文一类作品的影响，为了实现声律对仗、文意对比，音形意均出色，诗中有画、画中有诗的目的，汉语景介的语言表达常常伴有大量的对偶平行结构与连珠四字句。

在此例中，译者充分考虑到了汉英两种语言在旅游文本方面的差异，对原文中的介绍“fascinating”“between sea and sky”“by the charm of her water and pellucid light，free from all dust and cooled by the sea breeze”进行了适当转换，采用了“海天相连，景色迷人”“水色旖旎，波光澄澈”等汉语传统四字结构来描绘和展示自然美景，是一个典型的归化案例。

（二）异化

异化方法是“让读者去接近作者”，是以源语为中心的一种翻译方法，其目的在于通过展现异域文化的风味和风貌，使读者在译文中感受到异国情调和文风，体验异域风俗和文化的多样性。[①] 具体来说，主张在译文中保留源语文化的“异化派”提出的理由如下：

①帮助读者对外国文化进行了解是非常重要的，并且这通常也是阅读译作的原因所在；

②译者要对读者理解外国文化的特殊之处的智力与想象力充满信心；

③将源语文化纳入目的语文化之中，可以使目的语文化与目的语的语言表达形式更加多样化；

④翻译要发挥促进文化交流的功能，这也是翻译的根本宗旨；

⑤倘若译文无法对源语世界的现象进行呈现，就不能算是忠实于原作。

旅游文本中包含诸多文化因素，如历史人物、典故、趣闻逸事等，涉及很多文化特色词，是一个民族智慧和文化的结晶。采用异化翻译法有利于民族文化的传播特别是弱势文化的传播，有利于文化发展的多元性，也符合旅游者出行求“异”的文化心理。在旅游翻译中，纯粹的归化翻译和纯粹的异化翻译都是不存在的，二者互为补充，至于哪种方法占主导地位，最终取决于翻译的目的和读者对象。例如：

Red-eye coast-to-coast flights are usually the most difficult for travelers. To make travelers feel more pampered during their flight, the low-fare airline Jet Blue Airways and Bliss Spa have just introduced the Shut-Eye Kit.

洲际红眼航班对于旅行者来说往往是最难熬的。为使大家在旅途中感到更加舒适，低价航空公司捷蓝（Jet Blue）和璞绿诗水疗会所（Bliss Sap）近期推出了一款睡眠套装。

对于“red-eye flight”的翻译，最初根据其意思大多翻译为“夜间航班”

---

① 华先发，杨元刚，胡孝申，等. 翻译与文化研究（第 11 辑）［M］. 武汉：武汉大学出版社，2018.

“凌晨航班”等，虽然能够表达其基本含义，但不够形象。直译为“红眼航班”是一种异化手法，读者能形象地感受到乘客由于熬夜带来的疲劳、睡眠不足而引起的红眼。例如：

相传三国时期，吴淞江的北岸就建起了一座寺院。后易名为静安寺。

Legend has it that during the Period of Three Kingdoms, a temple was built on the north bank of Wusong River and its name was later changed to Jingan Temple.

译文主要运用了异化翻译的方法，比较直接和完整地传递了语言层面和文化层面的信息，不仅将静安寺的建寺历史、地理位置进行了传递，而且也将寺院名称的变化翻译出来。这样的译文能够对外国游客产生很大的吸引力，进而使旅游文化翻译的目标得以完成。

三、增译

增译就是在译文中添加一些原文没有的字眼，有时是为了让译文读者更清楚地理解原文的信息，有时则是为了使译文更加完满，更富有宣传性。一般说来，第一种情况适用于汉译英，因为汉语旅游材料中许多名胜古迹均与一定的历史事件、典故和人物等联系在一起。除对名称的解释外，有时还添加一定的信息。后一种情况一般则适用于英译汉，由于英文背后的思维结构和审美心理不同于汉语，英文更注重信息和写实，汉语更注重艺术和渲染，所以一些英文旅游材料在翻译成中文时往往添加一些渲染的词汇，以迎合中文读者的审美预期和思维方式。人们将这两种增译分别称作“信息增译”和“修辞增译”。①关于这两种情况的具体翻译见下面的例子。

例1：琼岛东北部有“琼岛春荫”碑，为1751年所建，附近风光秀丽，过去是燕京八景之一。

In the northeast of Qiongdao Island, there is a stone tablet, erected in 1751, with “Qiongdao Chun Yin” (Spring Shade on the Qiongdao Island) engraved on it. It is said the inscription was written by Emperor Qianlong (with his reign from 1735 to 1796) . This area, noted for its beautiful scenery, was counted as one of the eight outstanding views of Beijing.

例2：If you opt for the northerly shore route from the entry area, you'll find many caves and indentations as you explore the underwater terrain. The lava wall is literally filled with hiding places for Kona's famous ula (Spiny Lobster) and (although they are being overharvested) you just may glimpse one or two peeking out

① 部芬．旅游英语的翻译策略［J］．科教导刊（电子版），2018（14）：191.

at YOU!

如果沿第二条线路潜游，即从入口潜向北岸，观察水下地形时将看到许多大的空隙及缺口（海岸线凹入处）。熔岩床是科纳带刺龙虾的藏身之地（尽管已被大量地捕捞），你还会发现有那么一两只正瞪大眼睛看着你！

这个例子中，“沿第二条线路潜游”和“海岸线凹入处”就属于“信息增译”，目的是向中国读者说清楚方位所在或对特殊情况进行解释，便于他们更好地游览。当然，更多的时候英译汉需要“修辞增译”，例如：

A hiking path passes a great many bathing spots, and shortly before Morges the way leads to a more than 1 kilometer long beach where thousands gather in summer to take a refreshing swim. Marching into Morges you are flanked by beautiful flowerbeds and manicured gardens—and as the tour slowly comes to an end, take a stroll through the heart of the old town concludes a delightful excursion and a healthy breath of fresh air in the nicest of ways.

一条远足小径经过众多游泳区，快到莫尔日时会经过长度超过1公里的沙滩，夏季有成千上万人在此舒爽畅游。进入莫尔日，您将被美丽的花圃和修剪整齐的花园包围——游览逐渐接近尾声，可以在老城中心悠然漫步，为这次充满欢乐的游览画上完美的句号。这一游览项目还使游客以最佳方式呼吸了健康的新鲜空气。

四、省译

省译也叫“删减”翻译，即在翻译的过程中省掉一些东西。在旅游文本翻译中，“省译”一般适用于汉译英。中文的旅游文本符合汉语美学的特点，更善于写景和抒情，而且往往使用一些夸张渲染的手法让读者产生一种形象美，这种写作手法对中文读者来说完全是可以接受的，而且符合中文读者的审美预期，但是对英语读者来说，他们的思维方式决定了他们更愿意看到一些实质性信息，如果直译，效果会适得其反，所以有些夸张和渲染的词句不如删减不译，这实际上与前文的“修辞增译”相反，是一种“修辞省译”。而西方传统哲学强调分析型抽象理性思维，体现在语言表达形式上，就出现了英语句式构架严整、表达思维缜密、行文注重逻辑理性、用词强调简洁自然的风格，语言上最忌重复累赘，而是追求一种自然流畅之美。而且，中国人在描述事物时，还喜欢引经据典，在旅游文本中喜欢引用古诗名句，以博得读者的审美认同感。可见，在旅游文本的汉译英过程中对上述情况采取“省译”的策略是必要的。请看下面的例子：

例1：亚龙湾最突出、最引人入胜的是她的海水和沙滩。这里湛蓝的海水清澈如镜，能见度超过10米，海底珊瑚保存完好，生活着众多形态各异、色彩缤纷的热带鱼种，是国家级珊瑚礁重点保护区，因此也成了难得的潜水胜地。亚龙湾柔软细腻的沙滩洁白如银，延伸约8公里，长度约是美国夏威夷的3倍。

The most striking view of the bay is the sea and the beach. The sea water is clear with visibility as far down as 10 meters. Under the surface are all kinds of coral and colorful tropical fish, making it an ideal destination for divers. The beach covered with silver-white sand extends 8 km, three times the length of the beach in Hawaii.

例2：江岸上彩楼林立，彩灯高悬，旌旗飘摇，呈现出一派喜气洋洋的节日场面。千姿百态的各式彩龙在江面游弋，舒展着优美的身姿，有的摇头摆尾，风采奕奕；有的喷火吐水，威风八面。

High-rise buildings, ornamented with coloured lanterns and bright banners, stand along the river banks. On the river itself, decorated loong-shaped boats await their challenge, displaying their individual charms. Some wag their heads and tails and others spray fire and water.

从以上例子可以看出，中文旅游文本可谓极尽渲染和描述之能事，这些表达势必会吸引中国读者的眼球，因为这些描写符合他们的审美习惯和思维方式，但如果直译，对更注重逻辑、信息和旅游文本简约的英语读者来说会显得累赘沉重，反而就起不到旅游宣传的目的。因此，在翻译时均未直译，而是省去了一些含非实质性信息的描写和渲染，保留了一些具体客观的信息，这种省译既保证了译文符合英语读者的审美预期，又可以使旅游宣传的目的得到实现，可谓一举两得。除这种省译外，有时一些引用的复杂诗句也会省译。

五、意译

在很多情况下，翻译不能把源语单个词的能指直接转换成译语单个词与之相对应的能指，这是因为很多符号进入词组、句子之后，与周围的符号发生关系，其所指起了变化。一种语言的符号关系在另一种语言中不可能全部对应。若符号关系不对应，译者仍然机械地用译语单个词能指替换源语单个词能指，其结果必然导致译语所指与源语所指不一致。

旅游文体的翻译不仅要传达源语信息，还要对其本身的特点加以重视。旅游资料的重要作用是凭借介绍、宣传景点，拓宽人们的知识面，提升人们参观、游览的兴致。基于此，利用信息传递吸引游客是旅游文体翻译的终极目标。对这种资料进行翻译，特别是对富含文化信息的文化词进行翻译，译者为了保证译语的可读性与读者的接受力，必须采用意译法进行适当的变通，以达到理想的交际目的。

有些景点名称具有丰富的文化内涵，但直译无法翻译出其蕴含的深层次意义，为了方便游客理解与记忆，在翻译这类名称时，应将它的内涵或相关的典故和传说进行凸显。人们通常采用意译的方法对这类名称进行翻译。也就是利用具有不同形式但意义一致的词语进行翻译。淡化文化差别，填充文化空白是意译的重要特征。如“兵马俑”译为“Terra Cotta Warriors and Horses”，“十三陵”译为“Ming Tombs”，“故宫”译为“the Imperial Palace”等。

例 1：Here in New Hampshire, there are many opportunities to find a peaceful spot hidden among the lush forests of tall evergreens and hard-woods or next to a rambling brook or pictorial lake.

新罕布什尔州森林茂密，树木坚实高大，葱绿长青，湖水蜿蜒而流，湖泊风景如画，好多地方都是悠然寂静的好去处。

在该译文中，译者充分考虑到了汉英两种语言的差异，对译文进行了重构，采用了意译法将原文中的名词性短语翻译成了汉语的四字短语，结构工整对称，文字优美，用了“湖水蜿蜒而流，湖泊风景如画”来翻译原文中的“rambling brook or pictorial lake”，读来朗朗上口，堪称意译的典范。

例 2：华清池内有一贵妃池，相传是杨贵妃当年沐浴的地方。唐代著名诗人白居易的《长恨歌》中有“春寒赐浴华清池，温泉水滑洗凝脂”的诗句。

Inside the Huaqing Hot Spring, there is a bathing pool called Kueifeichih, which is said to have been the bathing place of Yang Kueifei.

原文只是想表达杨贵妃当年沐浴的所在地——贵妃池就在华清池中。如果逐字翻译原文的古诗，对英文读者来说，从这些诗句的译文中得到的仍不过是杨贵妃曾在此沐浴这个信息，译文采用了意译法，把汉语中的古诗全部删除，但并不影响译文读者对原文其他部分的理解。在旅游翻译中，如果遇到有解释说明性质的古诗词，可采用意译法将其基本意思翻译出来。

第四章　基于传播学的科技英语翻译策略研究

科技英语目前已经发展成为一种十分重要的英语语体。几十年来，科技英语在学术界得到了各国专家和学者的研讨，同时，学术界对于科技英语的翻译也总结得出许多行之有效的方法和规律，将其置于传播学视角下就是其中之一。本章即对基于传播学的科技英语翻译策略进行研究。

第一节　科技英语翻译概述

一、科技英语的概念及其重要性

（一）科技英语的概念

随着21世纪经济与科学技术的迅速发展，当今世界处于技术与商贸这两大力量的支配之下。这两大力量的发展需要一种国际性语言，而英语由于其种种有利条件，承担了这一国际语言的角色。与此同时，语言学的研究认为不同内容的语言具有不同的特点和表达方式，因此，找出某一特殊语言环境（如科技、商贸、行政管理）的语言特点，并用于指导语言教学的观点成为专用英语的理论基础。①

科技英语（English for Science and Technology，简称EST）是专门用途英语（English for Special Purposes，简称ESP）的一个分支，是科技工作者在用英语传递科技信息的过程中逐渐形成的一种语体。② 科技英语可以泛指一切论

① 谢建平，等．功能语境与专门用途英语语篇翻译研究［M］．杭州：浙江大学出版社，2008：157.

② 林莉．专门用途英语课程与教学研究［M］．北京：中国商务出版社，2011：211.

及科学和技术的书面语和口语，其中包括：①科技著作、科技论文、实验报告和方案；②各类科技情报和文字资料；③科技使用手册，包括仪器、仪表、机械、工具等；④有关科技问题的会谈、会议、交谈的用语；⑤有关科技的影片、录像等有声资料的解说词等。[①]

（二）科技英语的重要性

随着我国科学技术与市场经济的迅速发展，社会对外语人才的需求重心也在发生着明显的变化。目前，英语专业毕业生在求职时遇到用人单位提出的一个普遍性的问题是："除了英语，还会什么技能?"同其他专业一样，英语专业的培养目标受市场经济规律的影响越来越大。为了培养厚基础、宽口径、专业适应能力强的英语人才，一些院校的英语专业正在进行培养复合型英语人才的尝试，并开设了科技英语、外贸英语以及旅游英语等专业。

科技英语不仅对英语专业的学生很重要，对其他专业的学生同样重要。首先，大学学习离不开英语：日常英语阅读，各种各样的英语考试，毕业论文的写作等，都涉及科技英语的读、写、译技能。其次，踏入社会之后的工作更离不开科技英语：从事与科技相关的工作直接与科技英语打交道，如英文科技资料的读、写、译，各种国际科技会议，国际科技合作，工程项目的谈判、引进、实施等；另外，一些学生也有可能在外事、外贸单位，外资、合资企业以及翻译公司工作，他们接触科技英语的机会也很多。可以说，不论是现在还是将来，科技英语就在人们身边，与人们的生活息息相关。

当前，大部分英语学习者虽然英语语言知识相对扎实，但他们不懂科技，加之科技英语在语法、词汇、文体方面有自己独特的地方，因此不系统地学习科技英语，即便是英语专业的学生也难以胜任科技英语的读、写、译等任务。因此，对于英语学习者来说，必须将科技英语当作一门必修课程加以学习。

二、科技英语的文体特征

（一）被动句多

科技作品在讨论事物的发展过程和阐述科学原理时，往往着眼于演绎论证的结果，而不大考虑动作的执行者。这就需要使事物、过程和结果处于句子的中心地位，而被动结构正好能突出要论证和说明的对象。

---

① 贾晓锋，王盛．科技英语阅读［M］．兰州：甘肃人民出版社，2012：226.

（二）祈使句多

为了表示指示、建议、劝告和命令等意思，在科技英语中常常采用祈使语气，这在使用说明书、操作规程、作业指导、程序建议和注意事项等资料中尤为多见。

（三）倒装、省略和割裂句多

在科技文章中，残缺不全、词序颠倒、成分割裂的句子不乏其例。这类“异常”现象的形成，一则是由于语法上的要求，而更主要的是出于行文修辞的需要。例如，省略句常可节省篇幅，使表述更为简洁和紧凑；倒装常能使某一事理更为醒目和突出，使上下文的联系更为紧密或使描写更为生动；而割裂则往往能使句子的整体结构更为匀称和平衡。科技作者为了增强文章的修辞效果，常常采用这些手段。

（四）虚拟语气句多

科技读物的作者在说明事理、提出设想、探讨问题和推导公式时，常常涉及各种前提、条件和场合。为了避免武断，总是从假定、猜测、建议或怀疑的角度出发，这就往往需要采用虚拟语气；另一方面，有不少作者为了表示自己的谦逊，为了谨慎和留有余地，也乐于采用虚拟语气而使口吻变得委婉。

（五）长句多

科技英语经常使用长句，在标准、规范和专利说明书中尤其多见。这种长句往往包含若干个从句和非谓语动词短语，这些从句和短语又往往互相制约、互相依附，从而形成从句中有短语、短语中带从句的复杂语言现象。这主要是因为，在阐述科学事实、科学现象等事物的内在联系和解释一些科学术语和名词时，为了准确、详尽地表述事物之间的因果、条件、依附、伴随、对比等关系，就需要严密的逻辑思维。这种思维的内容见诸语言形式，就容易形成包含大量信息的长句。

（六）专业术语多

术语是专门用于某一科学领域内的意义固定的词和词组。科技英语专业性强，文体正式，文中使用大量的专业术语和专业名词。

（七）非谓语动词多

在科技英语中，动词的非谓语形式（分词、动名词、动词不定式及其复合结构）被广泛使用，尤其是分词短语用作后置定语的现象更是层见叠出。形成这种情况的原因主要有下面两点。

（1）在科技作品中，人们往往要说明各个事物之间的关系，事物的位置和状态变化，如机器、产品、原料等的运动、来源、形式、加工手段、工艺流程和操作方法，这些都要求叙述严谨、准确。动词的非谓语形式容易实现这些要求，而且能用扩展的成分对所修饰的词进行严格说明和限定（每一个分词定语都能代替一个从句）。

（2）科技读物的作者为了完整、准确地表达某一概念和事物，常需对某些词句进行多方面的修饰和限定。为了使很长的句子显得匀称，避免复杂的主从复合结构并省略动词时态的配合，使句子既不累赘又语意明确，往往采用这种语法手段。

（八）短语动词多

科技英语文章大量使用短语动词（或称动词词组）。这类短语动词用法灵活，含义明确，能对某些动作或行为进行准确的描述和说明，是科技文体的一个基本组成部分。能构成短语动词的往往是一些最常用的动词，如 make，take，get，go，bring，set 等。需要指出的是，短语动词中有的仍具有原动词的含义，有的含有隐喻的意义，而相当一部分的含义则与原动词相去甚远。

三、科技英语的翻译标准

在中国翻译界，一提到翻译的标准，人们首先想到的就是严复提出的"信、达、雅"三字标准。"信"指的是译文忠实于原文，把原文的内容完整准确地表达出来，不得有任何篡改、歪曲、遗漏，或任意删减或增加；"达"指的是译文通顺易懂，符合译语的表达规范；"雅"指译文选用的词语要得体，追求文章本身的古雅，简明优雅。[①]

然而，就科技英语翻译而言，因为原作的语言原本质朴，只要保持其朴素的文风即可，所以翻译时主要应做到"信""达"二字，即译文应忠实、通顺，使读者易于理解。此外，在表达过程中，译者有责任保证原作信息的完整传达，不得擅自歪曲、增改、删节或遗漏原作的信息。因此，科技英语的翻译

---

① 黄忠廉．严复变译思想考［M］．北京：商务印书馆，2016：220.

标准应略有别于文学翻译，应该是：准确规范、通顺易懂、简洁明晰。

（一）准确规范

科技文献和情报技术资料的主要功能是论述科学事实、探讨科学问题、传授科学知识、记录科学实验、总结科学经验等，这就要求科技文献和情报技术资料的翻译标准首先必须是准确规范。所谓准确，就是忠实地、不折不扣地传达原文的全部信息内容。所谓规范，就是译文要符合所涉及的科学技术或某个专业领域的专业语言表达规范。① 要做到这一点，译者必须充分理解原文所表达的内容，其中包括对原文词汇、语法、逻辑关系和科学内容的理解。科技翻译的任何错误，甚至是不准确都会给科学研究、学术交流、生产发展等带来不良影响或巨大损失，乃至灾难。

（二）通顺易懂

通顺易懂是指译文的语言符合译语的语法结构及表达习惯，容易为读者所理解和接受。也就是说，科技英语的译文语言须明白晓畅、文理通顺、结构合理、逻辑关系清楚，没有死译、硬译、语言晦涩难懂的现象。

（三）简洁明晰

简洁明晰是科技文体的又一特点。同样，在翻译过程中，译文的简洁明晰也是科技英语翻译的最基本要求之一。所谓的简洁明晰，就是译文要简短精练、一目了然，要尽量避免烦琐、冗赘和不必要的重复。

四、科技英语翻译的难点

（一）英语理解难

英语理解难，指的是要做好翻译，首先要看懂原文，而这就要求译者有一定的英语水平。例如：

Scientific discoveries and inventions do not always influence the language in proportion to their importance.

有人将其译为：

科学发现与发明就其重要性的比例而言，并不一定对语言有什么影响。

该译文的败笔就在于对英语词组 in proportion to 和 do not always 的理解不

① 赵学旻．科技英语的翻译标准研究［J］．语文学刊（外语教育教学），2016（4）：28-31.

透，致使全句错误。此处 in proportion to 是“按照……”“根据……”的意思，而 do not always 是“并非总是”之意。因此，原句应直译为：

科学的发现和发明并不总是按照其重要性来影响语言的。

由此，可转译成：

科学的发现与发明对语言的影响，并不取决于其重要性。

（二）汉语表达难

汉语表达难，指的是看懂英语原文后，还要用地道、规范的汉语表达出来，这就要求译者具有一定的汉语修养。例如：

A translator has to know everything of something and something of everything.

有人将其翻译为：

翻译人员对一些事情要什么都懂，对所有事情又要多少懂一些。

可以看出，该译文虽与原文形似，但译者的汉语功底尚显不足，译文略欠文采。若译为“翻译人员既要学问精深，又要知识广博。”就很精彩了。

又如：

One may as well not know a thing at all as know it but imperfectly.

有人将其译为：

与其一知半解，不如全然不知。

译文运用了汉语的成语和四字结构，措辞严谨、对仗整齐，充分反映出译者深厚的汉语功底。

（三）专业知识要求高

专业知识要求高，指的是科技英语的译者，不仅要具有较深的专业知识，还要具有较广的自然科学的知识面。① 这一点是科技英语翻译与一般的翻译所不同的。下面试举一例，说明科技英语翻译对译者专业知识深度及知识面广度方面的要求。

This apparently simple function of the transformer makes it as vital to modern industry as the gear train which, as a “transformer” of speed and torque represents an interesting analogy.

变压器的这种显而易见的基本功能，对现代工业起着重要作用。这种作用可以与齿轮对近代工业的巨大作用做一有趣的比较，齿轮是机械转速与力矩的

① 王成现．基于实践的科技文体汉译英技巧与译者素质分析［J］．智库时代，2019（45）：230-231.

“转换器”。

首先，在这个讲述变压器的句子中，突然提到了机械方面的术语 gear train。其次，又把齿轮比作一种变压器，一种速度和力矩之间的转换器，并且以齿轮对近代工业的作用说明变压器对现代工业的巨大作用——正是有了它，才使机械系统之间转速的转换和功率传递得以有效实现，才使得当时的机械工业得以快速发展。这点正好与后来在现代工业中出现的变压器极为相似。正是变压器的发明，才使得电的系统之间的电压的转换和功率传递得以实现，才使得现代电力系统中大容量、远距离的电能传输成为可能。齿轮在机械系统之间，变压器在电力系统之间所起的转换作用，都遵循着同样一个道理，即“能量守恒定律”。在齿轮实现的转换中，其表现形式为转速与力矩的乘积，即所传递的机械功率不变。而在变压器的转换中，其表现形式为电压与电流的乘积，即传递的电功率不变，这是何等的相似。若不了解这些相关的专业知识，及其与发展史有关的背景知识，就不能理解和翻译好此句。

五、逻辑思维与科技英语翻译

语言是翻译活动的基础，只有通过语言才能够全面、充分地展示出翻译活动的成果。当前全球所有语种所构建的符号系统都表现出高度的复杂性，加之使用不同语种的人群有着差异化的宗教信仰、社会制度、风俗习惯和生活环境，所以，不同的人群对所处的客观环境表现出明显的差异化认识，从而导致不同语种间表现出明显的差异性，该问题也是造成翻译活动难度较大的主要因素。在翻译活动中，要想实现通顺、准确的文章布局，一定要正确地采用逻辑思维。另外，在对译文进行校对的过程中，也必须充分借助逻辑思维的功能来完成校对活动。科技英语文体具有逻辑性强、概念准确、周密严谨的特点，这对译者的翻译活动提出了更高的要求，即必须将逻辑思维应用于翻译活动的全过程之中，只有这样才能提高翻译的质量水平。[①] 另外，译者还必须注意翻译表达的规范性与准确性，以便确保原文所具有的逻辑性和严谨性。需要注意的是，现阶段我国众多译者在翻译活动中形成了偏颇的认识，即只重视语言层面的活动而忽略了逻辑思维层面的重要性，导致出现翻译后的文体“文通理不顺”的结果。

逻辑思维在科技英语翻译活动中的应用主要体现在以下两方面。

① 方梦之，范武邱．科技翻译教程［M］．上海：上海外语教育出版社，2015：113.

（一）逻辑判断和词语辨析

对于翻译活动来说，译者经常性地翻阅词典、熟练地掌握相关英语语法知识是提高翻译效率和质量的基础。但需要引起注意的是，这并不意味着译者要生搬硬套、固守陈规。通常来说，语法结构的作用在绝大多数情况下只是便于读者理解。相应地，即便内容再丰富的词典也不可能包含世间的全部信息。由于语言是在生活中经过浓缩提炼而获得的，时代在发展，社会在进步，生活内容较之以往也更为丰富和多变。就大多数词典来说，在涉及多个含义的词汇时，只注释其常用意思，而对其所涵盖的生僻意思常采用摈弃的做法。因此，如果只是通过语法结构以及翻阅词典来开展科技英语的翻译活动，势必存在着出现差错的可能性。生搬硬套、固守陈规所完成的科技英语翻译文本，一方面有可能出现意思晦涩难懂，让读者无法阅读的情况；另一方面也有可能导致翻译后与现有的科学常识相悖的情况。例如：

Similarly, disinfection practices have improved to balance the chemical's use; a sufficient dose to destroy microorganisms but low enough not to produce harmful halenogated by-products.

同样，消毒方法的改进，能够有效地降低化学品的使用量。足够的化学品就能够有效地杀灭微生物，且不至于产生有害副产物。

结合例句，balance 为动词，前面存在不定式 to。虽然该英语词汇有着平衡、抵消的意思，但是如果直接进行翻译，与原文所表现的语境不相贴合，为此需要用到逻辑判断和词语辨析，在结合上下文的前提下，采取“降低、减少”的翻译显然更为符合，逻辑也更为通顺。

（二）基于原文理解的逻辑分析

质量较高的翻译成果，往往建立在译者对英语原文全篇彻底阅读和理解的基础上。对英语原文的理解过程，需要译者深入透彻地理解英语原文作者所具有的逻辑思维和所表达的意思，在此基础上，通过表达环节对原文进行正确的翻译和表达。理解的过程具有高度的复杂性，不仅需要译者掌握必要的英语知识和翻译技巧，而且要求译者必须掌握相应的科学技术知识。同时，还需要充分把握原文作者的语言特色。三者缺一不可，否则会存在出现错误的可能性。想要解决科技英语翻译活动中出现的所有问题，如果只是对语言表层意思进行理解是难以实现的，这主要是由于英语语法结构存在较为明显的缺陷。在一些情况下，某个句子如果单从语法结构上进行理解，会存在几种差异性的意思。显然，对于该种情况而言，理解原文时只能将语法分析作为辅助工具，而将逻辑思维层面的分析作为解决问题的主要方法和途径。要在全面结合逻辑关系、上下文语境以及语义的基础上，开展研究分析工作，从而获得最为准确的翻译结果。例如：

Chemical use should be restricted and permitted only after careful review of the toxicity to humans and fish, the hazards involved, and the purpose to be served.

严格遵守要求使用该化学品，只有在充分掌握它对鱼类以及人类的毒性程度、投放目的以及潜在危害等信息后，才允许有限制地进行投放。

对于英文例句中的“only after”应当结合逻辑关系、上下文语境以及语义，翻译为“只有在”，这样的译文就能够充分地体现原文作者的逻辑思维。对于译者来说，在翻译过程中应当尽量避免对词句语义的过分执着，同时充分应用逻辑思维，只有这样，才能确保翻译逻辑通顺，所传达的信息准确无误。

第二节　科技传播面临的障碍及对策

一、科技传播面临的障碍

(一) 外部障碍

1. 政治环境的制约

同对科学技术发展的影响一样，政治环境在一定程度上也会影响科技传播活动。它反映了政府部门对科学技术内容传播的调控意图和管理机制，多是通过国家政策、法规制度等规范性手段进行宏观控制和支持。一般地说，安定民主的政治环境有利于科技传播的正常进行，而动荡专制的政治环境往往会成为科技传播的樊篱。

2. 经济体制的制约

在以前的计划经济体制下，科技传播活动属社会公益事业，多以政府行为的方式加以发展。政府通过设立新闻、出版、图书馆、科技情报所、学术会议等专门机构，组织大批专职科技传播人员从事科技传播活动，建立了一个科技传播的社会运行机制，形成了一个多级、多层次的科技传播网络体系。然而，随着经济体制的转轨，传统的科技传播体制发生了重大变化。在市场经济体制下，科技内容的传播多以该内容的商业价值为基础，这就容易导致科技传播活动的畸形化。①

目前，市场经济条件下的科技传播新机制尚未完全建立起来，政府也缺乏相应的科技传播政策引导。除了有偿的技术转让、产品销售等形式外，其他科技内容的传播相对萎缩，这主要是因为这些科技内容的商业价值不大。在我国科技管理体制中，很少有单列的科技传播经费，科技传播的费用大多包含在科研投入中。在科研经费投入不足的大背景下，用于科技传播的费用往往难以得到优先保证，这就严重制约着科研人员的科技传播活动，妨碍科技传播事业的健康发展。

近年来，虽然我国科技投入的绝对数量有较大增长，但人均科技投入量仍十分低下，用于科技馆、展览馆、图书馆、科普出版物等科技传播基础设施建设方面的投入很少，科技传播事业缺少强有力的支撑体系。

3. 文化环境的影响

文化环境是科学技术发展的土壤，它制约着人们的科学技术活动和社会的科技体制，必然给科技传播打上深刻的烙印。文化的核心是价值观念和行为规范，它渗透于社会的各种制度之中，隐含在人们的社会行为和生活方式之中，并且经过历史的积淀形成强大的文化传统。在传播者选择传播何种科技内容、以何种方式传播时，在受众选择接受何种科技内容、以何种方式获取科技信息时，都自觉或不自觉地会受到文化传统的影响。

例如，我国传统文化对科技传播就具有负面影响。纵观中西科技发展史，社会及其所属成员对科学技术的认识、态度和评价，是影响科学技术发展的重要因素。如果社会成员在信念、意愿、好恶等社会态度方面，对科学技术的社会意义和社会价值具有良好判断和认同意识，就会形成有利于科学进步、科技传播的社会氛围；反之，则整个社会环境就不利于科学技术的传播。在中国历史上，受儒家思想影响的知识分子崇尚伦理，轻视工艺技术，不重视科技传播；关心社会伦理问题，忽视自然问题，不像西方人那样对自然充满敬畏之心；重视结果，忽视过程的意义，从而造成广大社会成员科技意识淡薄，科学素养不高。② 所以，科学技术只能寄居在生产体系之中，无法独立发展。目前，无论是在发展科学技术的过程中，还是在科技传播活动中，追求实用的急功近利倾向尤为明显，缺少健全、长效的科技传播机制。这种倾向与我国传统文化不无关系。

---

① 任福君，翟杰全．科技传播与普及教程［M］．北京：中国科学技术出版社，2012：65.

② 段治文，吴荣耕．中国科技创新需要冲破传统文化观念的制约［J］．中国青年研究，2006（3）：28-30.

（二）内部障碍

1. 科技传播者自身素质不高

首先，科技传播者知识结构上的欠缺，阻碍着科技内容的有效传播。目前，大规模的科技传播活动主要由职业化的科普队伍如科技新闻工作者、科技翻译工作者、科技期刊编辑、记者等承担，但在我国从事这类工作的人员大多是文科出身，科学技术知识相对薄弱。许多刊物科技版的编辑、记者从来没有受过科学技术方面的专业教育和训练，很多记者本身就不具有必需的科学素质，也就很难撰写出合格的科技报道。在“知识爆炸”的大背景下，学校课程量激增，国内的新闻与传播学院很少开设自然科学、现代科学技术概论或科技新闻报道之类的课程，这就导致许多科技记者难于捕捉和理解最新科技成果，与科技界鸿沟加深，沟通不畅，进而制约科技成果的有效传播。

其次，科技传播者的功利价值取向也会影响传播的实际效果。在市场经济条件下，科技传播者往往优先选择那些能给自身带来重大经济、社会或新闻效应的科技成果，多忽视科技成果的学术价值，从而使许多有学术价值的科技内容难于得到有效传播。

2. 受众对科技传播的制约

在科技传播的过程中，科学共同体、大众传媒从业人员、公众都有可能充当传播受众的角色。在传播活动的流转过程中，他们总是处于受众、传播者角色的交替互换中。在现实生活中，虽然大众已走出被动的受众的框架，担当起科技传播的积极主体的角色，但是总体来看，大众更多的时候仍然以受众的角色出现，并且因自身存在的许多缺陷，成为科技传播的主要障碍。

首先，受众面对科技信息时要进行主观性选择。受众选择信息，包括选择性接收、选择性理解和选择性记忆。选择性接收或选择性接触、选择性注意，是指人们选择自己感兴趣或希望了解的信息，而排斥不喜欢的媒体和内容。在这一选择过程中，受众的习惯性、主观性、随意性都比较大。选择性理解，指受众依据自己的价值观念、思维方式和生活经验，对所接收的信息做出独特的个人解释，对信息进行比较、过滤、整合，剔除不符合需求的信息。选择性记忆，是指人们根据各自的需求、情感和兴趣，挑选出对自己有用、有利、有价值的信息，并储存在大脑之中。受众在这一选择的过程中，必然会受到各自价值观、个人素质等因素的影响。

其次，我国公众科学素养水平不容乐观，这主要表现在两个方面：我国公民的科学素质整体水平较低，特别是劳动人口科学素质不高；一些愚昧迷信的观念和行为还在社会生产和生活中存在，这种情况导致公众选择科技信息的机会相对减少，辨别伪科学、假技术的能力低下。

3. 传播渠道存在问题

首先，传统学术期刊传播效率低下。在传统学术期刊上发表论文，是科技工作者公布科研成果并取得同行认可的基本方式，但是传统科技期刊出版周期过长，往往会耽误科研成果的及时发布和社会认可。同时，学术期刊也存在着发行量小，覆盖面窄，传播效率低下等缺陷。

其次，网络作为传播途径存在隐患。互联网的崛起为科技传播提供了全新的载体。与纸质传媒相比，它快捷方便，具有开放性、容易进行知识整合、传播形式多样化、交互性等优点。网络传播虽然迅速，但其信息多不规范，不乏伪科学、假技术等信息，因而缺乏权威性、安全性，也增加了受众甄别科技信息真假的难度。另外，现有的网络发展状况尚不能满足公众需求，内容贫乏，专门提供科技传播的网站或网页少，而且科普内容更新频率低，多在低水平上重复，表现形式单一。

（三）翻译障碍

1. 文化背景导致的翻译障碍

语言是文化的载体，文化是语言的管轨，翻译是跨文化的传通。语言与文化的密切关系注定了翻译与文化的关系。正确理解原文是准确翻译的基础，但由于民族文化是在特定的历史、地理等环境中形成的，因此，不同背景的文化会不可避免地发生冲突和碰撞。正如美国翻译理论家奈达（Nida）所指出的："语言在文化中的作用以及文化对词义、习语含义的影响如此带有普遍性，以至于在不考虑语言文化背景的情况下，任何文本都无法恰当地加以理解。"①

2. 思维模式导致的翻译障碍

中国传统思维方式的一大特点就是有机整体性，如"万物一体""天人合一"。同时，中国人的思维一般是"螺旋式"的，即中国的人与人交流是一种间接式的。西方国家与中国恰恰相反，他们一开始就比较重视自然科学的发展，因而形成了分析和逻辑推理的思维模式。此外，英美民族主张个人利益至上，说话做事情不喜欢"拐弯抹角"，属于直线式的思维方式。这两种思维方式对语言的表达方式有很大的影响。汉语一般把表达观点、判断和推理的部分放在句群和句子的后面，以加深印象；而英语则往往把强调的部分放在句子的开头。这样给译者的工作带来了障碍，可能导致源语与目的语语境的断裂。

① 董晓波．翻译通论［M］．北京：对外经济贸易大学出版社，2013：111.

3. 传播符号特殊性导致的翻译障碍

（1）传播符号的专业化

科技传播符号本身在传播之后就会离开传播者和受众而独立存在，对于科技传播活动的传受双方来说，只有当它具有足够的相同理解的含义，才能参与传播并成为信息传播的基础，反之则可能成为有效传播中难以克服的障碍。① 当人们从他人那里接收信息时，人们根据自己的认知、思维和过去的经验进行解码。当前科技传播符号的过于专业化已经给普通民众带来了理解上的困难。对于阅读本国文字尚且有困难的公众来说，即便是译者精准地翻译了原著，读者也不见得就能准确理解，而对于翻译人员来讲，根据自己尚不确切的知识来进行翻译，更会给作品带来无法想象的后果。

（2）噪声

科技信息从信源传播到信宿有一系列的中间环节：发送者使用一定的符号系统将科技信息编码，通过一定的传播渠道发送科技信息，受众（信宿）通过解码还原为原来的科技信息。这些中间环节的每一步都有可能发生损耗或产生偏差。其中的影响因素主要有技术、社会或个人等方面，如科技信息由于传播渠道或噪声影响而无法被正确解码。

二、科技传播障碍的消除对策

（一）切实提高公众的科学素养水平

我国公众科学素养水平较低，主要集中在未成年人和农民这两大群体。消除因受众科学素养低下所形成的科技传播障碍，应着重从这两大群体入手，采取以下措施。

一是普及九年义务教育，扩大高校招生规模，提高青少年的科学技术水平，实施素质教育工程，推进新科技课程的全面实施，建立校外科技活动场所与学校科技课程相衔接的有效机制等。提高未成年人的科学素质，不仅要使他们掌握必要的基本科学知识与技能，了解科学探究的过程与方法，更重要的是激发他们对科学的兴趣、对创新的激情，培养他们的创新意识和实践能力。

二是逐步建立农村科技教育、宣传和培训体系，继续开展科技、文化、教育三下乡活动，积极探索群众性、社会性、经常性科普活动的新机制。具体而言，首先，应尽快建立农村科学普及网络。农村科学普及网络是提高农民文化素质的一种重要组织形式。根据中国农村的现状，应建立健全乡镇农业技术推

① 刘海龙．传播理论导引：分析和应用［M］．北京：中国人民大学出版社，2007：106.

广站、优良品种推广站、植保站、土肥站、环保站、农业信息传播站等服务网点，加大服务力度。其次，要大力培养农业基层科技人才。农业基层科技人才是农业科学技术的传播者，其在提高农民科学素养方面发挥着支撑保障作用。再次，开展送技术、送科技图书下乡活动，加大对新技术、新成果的宣传力度，直接把新技术、新成果送到每一个农民手中，积极引导农民走科技致富的道路。最后，在科技传播活动中，传播者应贴近农村生产与生活实际，用语平实，避免过分专业化、学术性的表达，同时，不仅要传播科学知识、技术成果，还要注意传播科学观念、科学精神、科学思想、科学方法等。

(二) 营造有利于科技传播的文化氛围

一是培育开放、发展的文化心态和思想观念。具有开放性、统一性与多样性的文化，是科技传播体系高效运行的必然要求。一方面，社会大众应当努力克服虚妄的文化心态和僵化的思想观念，善于继承传统文化的精髓，勇于吸收其他民族文化中合理的、先进的部分，从而保证文化的发展性、先进性、科学性，以利于科技传播体系的高效运行。另一方面，还应注意促进科学文化与人文文化的有机融合。科学文化与人文文化并不是对立的两极，它们都是人类文化中至真、至善、至美的部分。这两者总是相互影响、相互依赖的。建立新的文化，在一定意义上，就是创造高度的科学文化和人文文化，从而大力弘扬科学精神，并实现科学精神与人文精神的有机整合。

二是要在全社会树立正确的科学技术观，克服急功近利的价值取向。科学技术是一个复杂的体系，既有基础理论，又有应用技术。只注重应用技术和实用价值的价值导向，不利于科学技术的健康发展，也不利于科技传播的展开。在重视科学技术经济价值的同时，还要看到它的文化价值和社会价值。以媒体对克隆技术的报道为例，在对待“克隆事件”时，不少媒体将更多的精力和太多的笔墨集中在“克隆人”方面，把公众的注意力引向“复制”人的虚幻境地，而不是把重点放在克隆技术的科学意义及其潜在的经济和社会价值方面，忽视了科技成果本身的社会意义，这种误导必然导致技术传播的失败。

(三) 加快科技传播的产业化建设步伐

科技传播内容庞杂，涉及领域、层次、头绪甚多，可以通过产业化的发展策略，促使一部分有经济回报的科技传播活动独立经营，形成产业。这一部分科技传播产业，应以市场需求为导向，着力解决科技与经济发展脱节的问题，发挥连接科技与经济的桥梁作用。

一方面，政府应积极鼓励并采取措施，规范科技服务机构和科技中介机构的发展。科技服务和中介机构是将潜在的技术供需双方联系起来，促进科技成果转化的一类重要组织，包括情报服务机构、技术交易机构、专利代理机构、技术孵化机构以及为技术交易提供金融、法律等业务服务的机构等。当前政府对这些机构的管理还相当滞后，应从制度建设方面加强中介服务体系建设，优化技术中介服务业发展的外部环境。建立技术市场准入制度和统一的行业管理机构，规范技术市场秩序和技术交易行为，继续壮大科技服务机构和中介机构的队伍，促进中介机构向专业化方向发展等，并使它们的作用得到更大程度的发挥。

另一方面，找准科技传播产业化道路的突破点。目前的产业化尝试应从科技图书期刊出版、情报信息服务、科技信息传播网络的产业化入手。科技咨询、服务产业，包括依托高等院校、科研机构、企业发展出来的科技咨询服务、技术开发、科技成果孵化与转让等业务，以及专利服务、转移代理、为技术交易提供金融服务等业务。技术贸易产业，包括技术转移、专利转让等技术性贸易活动。

（四）建立和完善科技传播的法律法规保障体系

一是建立和完善与科技传播有关的法律制度、产业政策等。加强市场制度、市场平台建设，提升社会对科技传播的需求力度，为科技传播产业的发展建立良好的制度环境。实践证明，市场制度、知识产权制度不完善，已成为影响科技传播产业发展、影响科技成果转移的一个重要因素。政府应加强包括独立会计审计制度、知识产权制度在内的市场制度建设，促进利益分享机制的建立和完善，使技术扩散和转移中所涉及的各方利益都能得到法律保障。

二是建立新的激励机制，动员科技人员广泛参与科技传播活动。应通过立法、政策制定、基金资助等方式，建立一定的社会激励机制，激励科技人员主动参与科技传播活动。譬如，可以在科技人员的职称评审、职务聘任中，增加科技人员参与科技传播活动的要求，政府设立科技传播奖或支持和鼓励设立具有民间性质的科技传播奖等，提高科技人员参与科技传播的积极性。

三是对那些给国家安全带来挑战的敏感技术、属于商业秘密的技术、给生态环境造成很大破坏的技术以及违背伦理规范的技术等，必须用国家法律法规的手段控制它们的传播。特别是在市场调节手段失灵的情况下，相关政策和法规的运用就显得很有必要。比如，克隆技术就不能任其随便传播，必须严格管制，这些知识和技术一旦被某些人恶意利用，将会给人类的社会秩序造成严重的冲击。

（五）加强科技传播媒介建设

一是充分运用先进的传播技术手段。网络是继电视之后的又一大传媒，具有双向互动的信息交流优势。目前，应扩展网络科技传播资源，如鼓励电子期刊，以克服纸质期刊出版周期长的弊端，减少科技成果传播的时滞，使科研成果、科技信息以更快的速度传播到更广的范围。

二是加大老少边穷地区科技传播的投入。这需要从政府到民间，多方面、多渠道筹集资金，加大对科技传播的投入。各地应建立公共图书馆、展览馆、科技馆等基础设施，网络应进村入户，确保科技传播的顺利进行。

三是规范互联网的使用。互联网是一个非常重要的大众媒介，目前的发展轨迹显示，在不久的将来，它将在公众新闻和信息来源中占统治地位。作为提供新闻、信息和公众教育的信息源，科学传播的未来在于网络。与其他大众媒介相比，留心科学的公众、受过良好教育或相对富裕的人群以及具有一定科学文化背景的受众，都已经将网络作为新闻和公众信息的主要来源。

网络新闻媒体可以通过客观和心理两方面的规范来引导受众。一种是客观的规范，即在现实生活中，网络新闻媒体总是全文或摘要发布国家权力机构或团体所制定的各种强制性和非强制性规范，如法律、政策等。根据这些客观标准来判断、行事，就可以使受众自己的言行合法合理，获得社会的认同。另一种是舆论所认同的规范，即受众自觉规范自己的行为，以便从心理上获得安全感和满足感。它虽不是国家权力机构甚至也不是团体所制定的规范，却是大多数人或某些权威人士所认同的意见或行为，根据这些意见或行为来思考、行动时，可以使人产生一种从众的不会有错的安全感，并且照此办理可以避免与多数人意见相左，更容易与人相处，更为心安理得。因此，网络媒体必须向受众灌输正确的价值观念，用正确的新闻信息培养受众良好的心理需求。

（六）努力消除翻译障碍

1. 增强译者的文化意识，寻找或者培养熟悉两国或多国文化的专业翻译人士

文化的多样性使人类的生活更加丰富多彩，但是也给交流带来了障碍。在科技英语翻译活动中，很重要的一个问题就是如何处理源语和目的语之间的关系。如何将源语中的文化意义最大限度地用目的语保留并呈现出来，一直是翻译界争论的焦点。正如刘宓庆在《文化翻译论纲》一书中指出的：文化翻译是如何对待文化问题，如何处理具体的文化形态表现，如何转化具体的文化信息、源语文化信息到目的语文化信息。要在两种语言之间寻找最佳的“契合

点”并不是一件容易的事情，甚至有些内容根本没有契合点。这也就迫切地需要有两国或多国文化背景的专业翻译人士的参与。

2. 合理处理专业科技用语

简言之，就是摈弃那种专业性过强的文风，把复杂问题简单化，并通过例子使得文章通俗易懂。科技工作人员和翻译人员应该明白科技作品并不仅仅是给专家看的，更主要的是给广大受众看的。信息也只有在发送者进行准确编码、传播渠道通畅、接受者准确理解的情况下才能达到预期的传播效果。如果科技作品更多牵涉的是晦涩的科技原理、科技精神等，就会使得一般受众难以理解，从而无法达到理想的传播效果。因此，在翻译过程中，应尽量采取一些“异化”的手段进行合理处理，使翻译后的作品更加符合受众接受能力。

3. 建设权威传播渠道，完善反馈机制

要加强国际间的科技交流，建设权威的传播渠道。国际间科技交流既可以减少传播方式的间接化，又可以得到及时有效的反馈，对科技传播的发展起到重要作用。权威传播渠道的建立将使得翻译人员能更有效、更准确地理解科技作品的精髓，这将最终加快国际间科技传播的速度。

社会在飞速发展，科技在不断进步，随着国际交往和文化交流的深化，随着不同语言之间互译的增多，随着翻译工作者们的不断努力和开拓，随着各项传播机制、传播渠道以及反馈机制的不断完善，文化差异、内容晦涩以及技术问题对科技翻译造成的障碍势必越来越小，科技翻译工作也将为促进各民族文化的碰撞和交融贡献自己的力量。相信在不久的将来，国际间的科技传播将不再有障碍。

第三节　科技英语翻译的策略分析

一、科技术语的翻译策略

（一）音译法

在科技英语中，对于像计量单位、科技发明、新材料、药名、化学品名称、缩略词等这样的科技术语，在汉语中没有确切的对等译词，按照意译又比较费劲时，就可使用音译法进行翻译。例如，clone（克隆），hacker（黑客），radar（雷达）等，这些词都是全部按音译进行翻译的。也有一些词是部分音译的，如 AIDS（艾滋病），topology（拓扑学），Einstein equation（爱因斯坦方程）等。

（二）直译法

直译法指根据原词的实际含义译成对应的汉语术语。这种译法具有概念明确、易懂易记的优点，被广泛运用于科技术语的翻译中。例如，centrifugal force（离心力），food chain（食物链），information superhighway（信息高速公路）等。

（三）意译法

所谓意译就是在不脱离原文的基础上运用延续与扩展的方法译出原文。某些科技术语很难找到相对应的汉语词汇来表达，或者字面的翻译不足以表达其专业含义时，可以采用意译的方式。如“brain-rust”可意译为“智囊团”，“data qualification”可以引申意译为“数据限制条件”，“explorer”通常的含义为“探险家”“探测器”，但在计算机和网络领域指的是一种文件查找和阅读器，所以根据其功用，意译为“浏览器”。

（四）象形译法

科技术语中常采用外文字母或英语单词来描述某种与技术有关的形象。翻译时可改译为字形或概念内涵相近的汉字，也可以将该外文字母照抄，这种用字母或汉字来表达形状的翻译方法称为象形译法。象形译法可分为两种：①用汉语形象相似的词来译，如 U-bolt（马蹄螺栓），Cross-bit（十字钻头），V-belt（三角带），T-bend（三通接头）等；②保留原字母不译，如 O-ring（O 形环），T-bolt（T 字螺栓），S-turning（S 形弯道）等。

二、科技英语常用句式的翻译策略

（一）无人称句

由于科技文章所报告的主要是科技活动的结果或自然规律，为保证科技文章的客观性，第一、二人称代词在科技英语中出现频率低，一般用第三人称代词，或者无人称代词 it。因此在翻译时也应注意人称的变化。例如：

It is generally believed that rate at which evolution operates has varied appreciably during different periods of geologic time.

人们普遍认为不同的地质时期进化速度不同。

此句将“it is generally believed that”译为“人们普遍认为”使文章具有客观性。

科技文章中作形式主语的无人称句也可译为无主句，汉语中有约定俗成的表达方式。例如：

It is reported... 据报道……

It is estimated... 据估计……

It is self-evident... 不言而喻……

It is proved... 据证实……

It is well-known... 众所周知……

（二）被动句

被动结构表达简洁客观。据统计，科技英语中的谓语至少三分之一是被动语态。① 科技文章的主要目的是表述科学发现、科学事实、实验报告和各类说明等，故以客观陈述为主。例如：

a. We can store electrical energy in two metal plates separated by an insulating medium. We call such device a capacitor, or a condenser, and its ability is to store electrical energy capacitance.

b. Electrical energy can be stored in two metal plates separated by an insulating medium. Such a device is called a capacitor, or a condenser, and its ability is to store electrical energy capacitance. It is measured in farads.

本例中 b 句是 a 句的被动句式转换，各个分句主语分别是：Electrical energy; Such a device; its ability; It（Capacitance）。它们都包含了较多的信息，并且处于句首的位置，非常醒目。此外，该句 4 个主语完全不同，避免了单调重复，前后连贯，自然流畅。

（三）名词化短语

科技文体要求行文简洁，内容确切，通常强调存在的事实而非某一行为，而且句中信息量大，名词化结构恰能体现科技英语的这一特点。例如：

Television is the transmission and reception of images of moving objects by radio waves.

电视通过无线电波发射和接收活动物体的图像。

名词化结构 the transmission and reception of images of moving objects by radio

① 佟文宇，林世威，刘春明．基础科技英语［M］．长春：东北师范大学出版社，2011：144.

waves 强调客观事实，而谓语动词则着重其发射和接收的能力。

此外，科技英语中有一种化修饰语为名词的倾向。由于名词修饰语与名词之间有时存在着深层的语义关系，因此名词修饰语与形容词修饰语有时在语义方面有着显著的区别。例如：

efficiency expert　研究提高工作效率的专家

efficient expert　工作效率高的专家

obesity specialist　肥胖病专家

obese specialist　肥胖的专家

（四）非谓语动词

由于科技文章要求行文简练，结构严密，因此往往使用分词短语、分词独立结构、不定式短语、介词+动名词短语等非谓语动词形式代替各种从句作修饰成分，这样既可缩短句子，又比较醒目。

1. 分词短语做修饰成分

A direct current is a current flowing always in the same direction.

直流电是一种总是沿同一方向流动的电流。

2. 分词短语构成独立结构

Vibrating objects produce sound waves, each vibration producing one sound wave.

振动着的物体产生声波，每一次振动产生一个声波。

3. 不定式短语用作修饰成分

In communications, the problem of electronics is how to convey information from one place to another.

在通信系统中，电子学要解决的问题是如何把信息从一个地方传递到另一个地方。

4. 动名词短语作宾语

In making the radio waves correspond to each sound in turn, messages are carried from a broadcasting station to a receiving set.

使无线电波依次对每一个声音做出相应变化时，信息就由广播电台传递到接收机。

（五）复杂句式

科技英语文体中常使用从句使句子结构更加紧密。从句是复合句的一部分，专门补充或说明主句。根据语法功能，可分为定语从句、名词性从句和状语从句。下面将对科技文中的从句进行简单分析。

1. 定语从句

定语从句有限制性定语从句和非限制性定语从句之分。限制性定语从句与先行词关系密切，不用逗号隔开。在翻译时根据从句与主句的关系，选择正确的翻译方法。例如：

There are some metals which possess the power to conduct electricity and the ability to be magnetized.

有些金属既能导电，又能被磁化。

英语中定语从句有时只是对先行词加以描写、叙述或解释，通常用逗号与主句隔开，一般翻译成独立的分句。例如：

Sulphur melts at a temperature of 112. 8℃ , where it changes to a yellow liquid.

硫在 112. 8℃温度时熔化，此时它变成黄色液体。

2. 名词性从句

名词性从句包括主语从句、宾语从句、表语从句和同位语从句。在句子中的功能相当于名词或者名词短语。在翻译名词性从句时需要注意从句在句中做什么成分。例如：

Whether an object will sink or float on water depends on its density.

物体在水中是沉是浮，取决于物体的密度。

此例为主语从句，英语中的主语从句一般位于主句前，但有时也位于主句后，这时主句中要用形式主语 it 来代替主语从句。翻译主语从句的方法因其所在位置不同而异。

3. 状语从句

英语中状语从句的位置比较灵活，可放在主句的前面、后面或中间。每种从句都有相应的引导词，译者需要弄清句子结构，提高翻译的准确性。例如：

When smaller eddies develop in Jupiter's atmosphere, the Red Spot tends to suck them in.

当较小的涡流在木星的大气层中形成时，红点往往将其吞没。

此句为 when 引导的时间状语从句，翻译时应注意从句中谓语动词和主句中谓语动词在时间上发生的先后顺序。

（六）复合长句

英语科技文章常用复杂长句。由于句子中并列成分修饰语多，各种从句嵌套，句子结构变得复杂，在进行长句子的翻译时，首先要弄清楚原文的句法结构，然后抓住句子的核心内容，按汉语的表达方式与习惯翻译出全句。例如：

Plastics is made from water which is a natural resource inexhaustible and available everywhere, coal which can be mined through automatic and mechanical processes at less cost and lime which can be obtained from the calcinations of limestone widely present in nature.

塑料从水、煤和石灰中提炼制成。水是取之不尽、随处可得的天然资源；煤用自动化和机械化的方法开采，成本较低；石灰由煅烧自然界中广泛存在的石灰石得来。

此例句子结构明显，主句为 plastics is made from water, coal and lime，三个 which 引导的限定性定语从句进一步说明 water, coal 和 lime 的性质与来源。

第五章　基于传播学的商务英语翻译策略研究

随着全球经济一体化趋势日益加快，全球贸易日趋融合，中国和世界各国的合作和贸易往来日渐增多，跨国商务活动日渐频繁，作为沟通国际间经济交流和商务活动的语言工具——商务英语脱颖而出，成为一门新型的、跨学科的综合性专业学科。随着传播学的不断发展，商务英语翻译作为世界各国间交流与合作的桥梁，受到世界各国的广泛关注。本章主要以传播学为视角，从商务英语翻译的内涵入手，分析了商务英语在企业文化传播中的重要性，具体论述了商务英语翻译的策略。

第一节　商务英语翻译概述

一、商务英语

（一）商务英语的内涵

一般来说，商务英语是指人们在商务活动中所使用的英语，在西方国家通常称 Business English。20 世纪 80 年代，在我国，商务英语主要用于对外贸易，因而又称为外贸英语（Foreign Trade English）。现在随着经济发展的日益全球化，我国在更广阔的领域、更深的层次上融入了国际社会，政治、经济、文化教育等领域内的国际交流与合作日趋频繁，现代商务英语的内涵和外延也得到了扩展。

商务英语，顾名思义，包含着英语与商务活动两个方面。商务英语是在不同的商务场景中运用的英语，因而具有商务特色。商务指使用英语的商务工作人员所从事的商务活动和商务环节的总称，是传播的内容；英语是传播的媒介；商务与英语不应是简单相加的关系，而是二者的有机融合。[①]

语言交际有其特定的语言环境，商务话语是一种职业话语，是人们使用语言进行商务活动的产物，语言和商务活动之间是密切联系的，要使商务活动得以顺利进行，商务活动参与人必须运用语言，对词汇语法资源进行适当的操作。商务活动本身决定了语言的使用特点。商务英语的特点主要在于专业化和较强的针对性。归根到底，实用性是商务英语最大的特点。它注重的是在商务沟通中口语与书面表达的准确、简练与规范。

出于国际商务活动的客观性与现实性需要，商务英语的专业术语和职业套语较多，且都必须用语礼貌，表意清晰，结构可行，表达得体。商务英语所要表达的语言信息是商务活动方面的内容，因此，必须精确运用专业词汇。在商务英语中，掌握一定量的商务词汇是必须的，但是仅有一定量的专业术语仍无法自如应对各种商务问题。

商务英语作为英语的一种社会功能变体，是为国际商务活动服务的专门用途英语，是与其他职业英语如旅游英语、法律英语、医用英语等一样具有很强专业性的行业英语，共同点在于都要有英语的基本语言基础。商务英语虽源于普通英语并具有普通英语的语言学特征，但是，由于它传达的是商务理论和商务信息等方面的知识，因此，它本身又具有内在的独特性。商务英语多使用在国际贸易中，是企业合作双方不可缺少的交流语言，其内容涉及英语语言基础知识、专业知识、行业习惯、民族习惯、人际关系、处事技巧等。因此，在语言结构上，商务英语不仅术语、套语多，专业词汇多，而且还有相当一部分蕴含交际策略的委婉、客套用语，适用于不同的场合，不同的话题，迎合不同的对象。无论采用的是口语形式还是书面形式，都应显示其语言结构的适切性、语言表达的得体性、表达方式的可接受性和语言运用的准确性。

（二）商务英语的组成要素

首先，语言能力是交际能力的基础，然而具备了语言能力并不意味着具备了交际能力。交际能力不仅包括对一种语言的语言形式的理解和掌握，而且还包括对在何时何地、以什么方式对谁恰当使用语言形式进行交际的知识体系的理解和掌握。现在越来越多的人已达成共识，即交际能力应包括听、说、读、写能力和社会能力这五个方面，主要指的是达意及得体。商务英语的实践性更强调交际能力的重要性。

其次，商务背景的内容决定了该语境中需要运用的交际技能以及语言技

① 顾渝．商务英语翻译［M］．北京：对外经济贸易大学出版社，2014：62.

能。商务交际技能指从事商务交际活动所必需的技能，既有语言方面的，也有非语言方面的。具体情景中使用的语言是由商务背景的内容和交际技能决定的。商务交际的内容决定词汇的选择，某个词语在不同的专业里可能会有不同的含义，在不同的上下文里可能也会有不同的表达，不熟悉相关专业的知识内容，不关注词语存在的上下文，就难以有精确的翻译或忠实的表达；而交际技能则决定句型的选择、篇章结构、文体风格、语调、节奏的变化等。

翻译国际商务英语时，译者必须了解和掌握专业背景知识，将着眼点放在对原文的忠实、准确的理解上，尽可能精准地翻译出原文的真正含义。商务英语中有很多专业术语（terminology），其中有些是平时熟悉的词或词组，但放在商务英语或某一具体学科里却获得了特殊的含义。① 例如，"Your immediate attention to our enquiry and proposal will be appreciated."（我方询盘与建议若能得到贵方迅速办理，则不胜感激。），"enquiry" 通常意为"询问、打听、调查"，但在商务信函中指"询盘"。也就是说，"询盘"的标准英译就是"enquiry"。词语的选择取决于专业背景信息。译者为了努力达到准确翻译的目的，除具有扎实的双语基本功之外，还要掌握商务各领域的专业知识，熟悉各领域常出现的专业术语。在遇到不懂的专业术语时，切忌望文生义。

商务活动参与者还应具备较强的跨文化意识。商务英语翻译的任务不单是语言的转换，也是文化信息的沟通与交流。商务英语要求用英语去从事商业活动，语言是基础，必须熟练掌握，精确运用。此外，还要熟知英美国家的文化背景、风俗习惯，只有这样才有可能进行成功的交际。商务人士往往需要和不熟识甚至素未谋面的人交往，不了解对方的文化背景就有可能造成商务交往中的失误。来自不同文化、使用不同语言的人"需要有国际上接受的行事方式以使来自不同文化、说不同母语的人们能很快地、更自如地相处"②。翻译之所以不容易，是因为语言反映文化，承载着丰厚的文化内涵，并受文化的制约。语言一旦进入交际，便存在对其文化内涵的理解和表达问题。这就要求译者不但要有双语能力，而且还要有双文化乃至多文化的知识，特别是要对两种语言的民族心理意识、文化形成过程、历史习俗传统、宗教文化乃至地域风貌特性等要有一定的了解，以便在国际商务这样一种跨文化交流活动中做到游刃有余。

（三）商务英语的性质

根据剑桥商务英语考试大纲中对商务英语的描述："Business English is for

① 程玉琴，王惠，张菊敏．商务英语翻译［M］．北京：对外经济贸易大学出版社，2017：65.

② 段云礼．实用商务英语翻译［M］．北京：对外经济贸易大学出版社，2009：1.

business people who need to, or will soon need to use English in their work. It may also be used by adult students who will be entering the world of business at the end of their course of studies."① 可以得知，商务英语是从事或将要从事商务活动的人和即将毕业、要进入商界的学生所使用的语言。从对商务英语的描述分析可以得知，商务英语包含英语语言技能和商务专业知识两方面内容，但二者并非简单叠加的关系。其中，英语是作为传播的媒介，而商务则是传播的内容，二者相互融合。

商务英语以普通英语为基础。在知识方面，它涉及语音、语法、词汇、语篇、跨文化交际等普通英语方面知识内容，以及国际金融、经济、贸易、服务、合作等商务方面知识内容。在技能方面，又涉及听、说、读、写、译等语言方面的能力和沟通、交际、合作等实践技能，以及基于网络通信和多媒体技术等方面的技能。因此，作为一门新兴的学科，商务英语所涉及的知识十分广泛。作为一门交叉性学科，它涉及了经贸、财会、管理、法律、文化、计算机等多门类知识，具有跨学科性。

从学习商务英语的主体分析来看，商务英语又分为两类：一类是针对没有工作经验的各类高校学生开设的一般商务用途英语，旨在培养其一般商务环境中使用语言的能力，专业性不强。另一类是针对有工作经验的各企业在职人员开设的培训课程，专业针对性十分强。

（四）商务英语的学科定位

商务英语在我国高校已经有 20 多年的办学历程，我国商务英语学科体系已基本形成。然而，有关商务英语学科定位问题仍然存在着几种不同的说法。学术界讨论大致如下。

第一种认为所有在对外贸易中应用的英语都可以称为商务英语。20 世纪 80 年代以前，商务英语一直被称为外贸英语或外经贸英语，这也是传统意义上人们对商务英语学科的理解和定位。②

第二种认为商务英语是专门用途英语（English for Special Purpose，ESP）的一个分支。专门用途英语犹如一颗有很多分支的参天大树，商务英语只是其中茂盛的一个分支。所谓专门用途英语就是与特定目的或专业相关联的英语。商务英语是专门用途英语的三个分支之一，其中商务英语又可以分为商贸学术

① 景志华，张云勤，杨国民．商务英语翻译［M］．北京：对外经济贸易大学出版社，2015：22.
② 王秋菊．商务英语翻译［M］．重庆：重庆大学出版社，2015：19.

英语和商贸职业英语。[①]

第三种认为商务英语是在外国语言学和应用语言学理论指导下，研究英语在国际商务中的应用。因此，商务英语是语言学与管理学、经济学交叉学习应用的一种学科。[②]

第四种认为商务英语是以语言学与应用语言学为理论指导，涉及多门类、跨学科的交叉性综合体，是英语的一种重要功能变体，也是专门用途英语的一个重要分支。其内容除语言文学外，还涉及文化、经济、贸易和法律等诸多学科，是一门应用性的边缘交叉学科。[③]

第五种认为它是国际商务英语专业的学科归类：既可以把它列在一级学科经济学门下，按经济学——应用经济学——国际商务——国际商务英语顺序把它列为其中的三级或四级学科；又可以把它列在一级学科语言学门下，按语言学——英语语言学——专门用途英语——商务英语顺序把它列为其中的三级或四级学科。[④]

从以上对商务英语学科定位的几种主要观点可以看出，商务英语的研究范围和方法在发生着不断变化，各种观点代表了不同时期不同学者对商务英语的不同理解。本书认为，第四种和第五种观点是最新的观点，也是较为确切的定位和描述。第四种观点认为商务英语是在外国语言学和应用语言学理论指导下，研究英语在国际商务中的应用，那么商务英语的最终落脚点还是语言学，它只不过是语言学的一个分支。第五种观点认为既可以把它列在一级学科“经济学”门下，也可以把它列在一级学科“语言学”门下，那么商务英语就是分属两种学科的混合体。但问题主要在于既然商务英语是一门交叉性的学科，以英语为载体，以经济、管理类的跨学科的基本知识为内容，那么如果仅仅用英语语言学、英语应用语言学作为其理论基础或仅仅用经济学理论作为其理论基础，都无法体现出商务英语作为涉及多门类、跨学科的交叉性综合体的特点和学科的独立性和完整性。所以本书建议将商务英语学科定位在：商务英语学科是英语语言学和经济类学科两者之间的有机结合，是二者相互交叉和融合的一门新兴学科；英语语言学、英语应用语言学和经济、管理类学科的有关理论都应该是该学科发展的理论基础。它是英语的一种重要功能变体，也是专门用途英语的一个重要分支。语言是依托，基本商务知识的学习和掌握是目

---

① 刘曼华，赵坤．商务英语翻译［M］．北京：中国商务出版社，2014：38.

② 李宏亮．商务英语翻译［M］．北京：对外经济贸易大学出版社，2010：47.

③ 汤静芳．商务英语翻译［M］．北京：对外经济贸易大学出版社，2007：72.

④ 杜文，张鑫，肖范存．商务英语翻译［M］．北京：北京工业大学出版社，2016：78.

标，即商务英语是提供一种具有比较完整、具有整体性的商务知识的语言学习过程，并不仅仅限于英语应用语言学的研究和学习，也不仅仅限于经济类商务知识的学习。商务英语是一种独立的语言门类，有着丰富的内涵，也是一个广泛的领域，整个商务英语教育活动是一个相互联系、相互渗透、相互依存、密不可分的有机整体。这样就赋予了商务英语更加宽广的学科定位与内涵。

（五）商务英语的语言特点

1. 商务英语的词汇特点

（1）用词正式、严谨、准确

商务英语可谓字字千金，必须准确清楚地表达所要传递的信息，谨慎使用夸张、比喻等手法，避免使用模棱两可的词语，以免产生不必要的争议。除广告语体外，商务英语在用词方面大量使用书面语，用词正式，力求准确无误。一般用词义相对单一的词来替代词义灵活丰富的词，以使文体正式、严谨、庄重。

（2）逻辑功能词与名词使用频率高

在商务英语中，“使用名词化可以将许多需要用句子才能表达的意义用名词词组就表达出来了，因此，使用名词可以使信息量集中，符合在商务交际中语言表达的经济原则。另外，因为名词化都是动词的名词化，不使用动词而使用名词就可以避免涉及时、体、语态、语气、情态等因素，使得整个语篇显得客观、正式、严谨”。① 但与此同时，由于可以通过动词表现的时、体、语态、语气、情态等因素不明显，因而，商务语言表达中不得不依赖于其他因素来表达话语中的逻辑关系，尤其是表达逻辑功能的连词和介词。

（3）商务新词汇大量使用

商务英语的用途主要体现在国际商务交流上，随着新技术及新理念的出现，很多新的科技信息都非常直接地反映在词汇上，因此也就出现了很多传统英语语言没有的新商务英语词汇，这也是商务英语随着社会不断发展而衍生出来的产物。

2. 商务英语的句法特点

（1）在商务英语中被动语态的使用比较常见

在汉语中，很少使用被动句，而在商务英语中，为使表达更准确，被动句经常被使用。因被动语句书写复杂，读起来没有朗朗上口的感觉，所以在汉语文学里极少被使用，但是在商务英语里，为了表达精确且不失严谨，被动句被

① 栾颖，韩立华，贯丽丽．商务英语翻译［M］. 北京/西安：世界图书出版公司，2012：54.

广泛使用，一般情况为，适当动作发出，在没有必要提到或施动者不确定，但是又想强调动作的承受者时，多数情况下会使用被动语句。

（2）商务英语中长难句居多

商务英语文体中经常使用冗长的复合句式，而汉语通常分开表述，句式较短。翻译时有必要进行句式拆分及内容整合，并据此对原文的句子结构和表达方式进行调整，按中文的语言表达习惯翻译。

（3）句套的使用

多数商务文体的文本有具有自身特色的句套，译者平时必须注意观察和收集不同文本使用的句套，以做到译文符合各自文体的规范，并在一定程度上减轻翻译工作量。

3. 商务英语的语篇特点

（1）在商务英语中修辞和时态的使用率较低

商务英语很少使用比喻、拟人、夸张等修辞手法。究其原因，主要是因为商务英语的严谨性。商务英语与文学作品不同，它不仅表达方式严谨，还应用于众多正式场合。更为重要的是，商务英语在一定程度上具有法律效力，所以商务英语多数使用过去时、将来时、进行时等进行表达。

（2）在商务英语中经常会出现大量的礼貌用语

在商务交往的过程中，礼貌是人们的第二个外表，所以在商务用语中，礼貌性用语是必不可少的，特别是一些商务往来函件，礼貌在其中的作用更是不可忽视的。究其原因，主要是因为商务交往的意愿，表现在是否拥有良好的关系基础之上，没有礼貌性的接触，良好的关系就无从谈起。另外，一封带有礼貌性的书信或函件，可以给人素质高尚的良好形象，使对方愿意与你交谈、服务，甚至是合作。总之，在商务英语中，礼貌用语是十分普遍的。

二、商务英语翻译的标准

在翻译过程中，译者应遵循一定的标准与原则。忠实和通顺是两项最基本的要求。在实际工作中，只有将忠实和通顺很好地结合在一起进行翻译，才能保证译者翻译出来的译文质量符合要求。除了忠实和通顺以外，在翻译时还要做到译语的语体与源语一致，并尽可能地把源语的修辞手法反映出来。忠实和通顺作为翻译的标准，应该是统一的整体，不能把两者割裂开来。

商务英语翻译不同于文学翻译。商务英语是专门用途英语，涵盖面较广，涉及众多不同领域、不同文体，翻译的标准有其特殊性，难以统一。无论是严复先生的“信、达、雅”，还是彼得·纽马克的交际翻译法都无法完全套用，但均可适当借鉴。[①] 众多翻译家和从事商务英语翻译的学者对此都提出了自己的看法。专家们的论述见仁见智，正如王永泰所说的："翻译标准不宜苟求全面统一，应视不同文体而定；若用'信达雅'来衡量，则应有区别地有所侧重。"[②] 刘法公认为，切实可行的商务英语翻译标准应是"忠实（faithfulness）、准确（exactness）、统一（consistency）"。[③] 本书认为商务英语翻译遵循"忠实，准确，统一"以及"通顺"的翻译原则无疑是适用的。

（一）忠实性

"忠实性"标准原则是商务英语翻译人员必须遵循的首要标准。所谓忠实，即译文所传递的信息同原文所传递的信息要保持一致，或者说要保持信息等值。商务英语翻译必须忠实原文，做到信息对等而不是相似，不得随意发挥，不能窜改、歪曲、遗漏原文所表达的思想。[④] "忠实"的应该是原文的内容意旨和风格效果，而不是原文的语言表达形态。

（二）准确性

"准确性"标准是商务英语翻译的核心。准确是关键，译者务必在信息转换的过程中正确理解并选择词语，概念表达要确切，物品与名称所指正确，数量与单位精确，将原文的语言信息用译文语言完整表达出来，不曲解原义。

（三）统一性

所谓统一，是指在商务英语翻译过程中所采用的译名、概念、术语等在任何时候都应该保持统一，不允许将同一概念或术语随意变换译名。也就是说，词语运用规范，符合约定俗成的含义，译文的行文方式合乎商务文献的语言规范。[⑤] "统一性"标准有利于商务英语译文的统一和规范。有些术语以及专有名词在长期的翻译实践中，已有了固定译法，沿用已久。即使这些译名不符合规范，不够妥帖，甚至错误明显，但因多年来已为人们所公认和熟悉，早已成为人们的共同语言。例如，慕尼黑（Munich）（不按德语发音译为"明欣"）；萧伯纳（George Bernad Shaw）（不按人名译音为"乔治·伯纳德·萧"）。这些译名，虽不规范，但沿用已久，如重新译名，反而引起混乱，不

---

① 苑春鸣，姜丽．商务英语翻译［M］．北京：外语教学与研究出版社，2013：68.
② 郭晓燕．商务英语翻译［M］．北京：对外经济贸易大学出版社，2017：95.
③ 梁为祥，肖辉总．商务英语翻译［M］．上海：复旦大学出版社，2016：84.
④ 顾渝．商务英语翻译（第2版）［M］．北京：对外经济贸易大学出版社，2018：106.
⑤ 许可新，张一凡．实用商务英语翻译［M］．长春：吉林大学出版社，2014：67.

利于译名的稳定和统一。

此外，为了避免产生歧义，有些词语的翻译必须保持同一种译法，尤其是合同中的专业术语和关键词语都有着严格的法律含义，翻译时一定要透彻理解原文的内容要求，准确完整地传达合同文件的精神实质。以 exclusive 为例，exclusive territory 应译为“独占区域”，但是，exclusive contract 则译为“专销合同”。

（四）通顺

将一种语言翻译成另一种语言后，译文要流畅、明了、易懂。英汉对译时必须使译文规范化，即所用的词汇、短语、句子及语法都必须符合本语种、本行业的一般规范和习惯，用词要准确，文字不晦涩、不生硬、不洋化。例如，将“documentary bill at sight”译为“即期付有单据的票据”，虽然表达出了原文的意思，但概念并不清晰，因为“票据”本身的含义是广义的，在国际商务合同中的票据主要指汇票，因此，应译为“跟单汇票”。

三、商务英语翻译的理论基础

（一）“目的论”与商务英语翻译

20 世纪 70 年代，功能学派翻译理论的代表人物卡塔琳娜·莱斯（Katharina Reiss）、汉斯·J·费米尔（Hans J. Vermeer）和克里斯蒂安妮·诺德（Christiane Nord）等提出的“目的论”，给翻译理论研究提供了一个新的视角。①

“目的论”认为②，翻译是在“目的语情景中为某种目的及目标受众而生产的语篇”，而原文只是为目标受众提供部分或全部信息的源泉。翻译是一项有目的的（intentional）交际活动，翻译的目的大致可分为三种：译者的目的（如：赚钱）、译文在译语文化中的交际目的（如：传递信息）以及某种翻译方法或策略所要达到的目的（如：直译以显示源语的语言结构特点）。“目的论”提出了翻译的三个原则，即目的性原则、连贯性原则和忠实性原则。此三条原则之间的关系是翻译的首要原则是目的性原则；忠实性原则服从于连贯性原则；而忠实性原则和连贯性原则均服从于目的性原则。

“目的论”的提出激活了一直在翻译实践中存在却未引起重视的一个现

① 曾文华，付红桥．商务英语翻译［M］．武汉：武汉理工大学出版社，2014：114.

② 李俊清．商务英语翻译实践［M］．成都：电子科技大学出版社，2017：101.

象——翻译行为的目的。[①] 例如，旅游翻译主要是宣传和介绍各国的城市、自然景观、名胜古迹、民俗、文化等方面的内容；广告翻译是为了宣传商品，使商品打开客户市场；商务合同的翻译是为了使合同双方遵守合同约定，更好地实现某种商务目的。这些翻译的目的一直存在于实践当中并指引实践的方向，却从未得到理论界的重视及系统的研究。“目的论”使之上升到了理论的高度从而用以指导翻译实践，极大地拓宽了翻译研究的视野。

“目的决定手段”。翻译的目的决定了翻译的策略、方法。翻译过程中采取直译还是意译，或是采取直译加意译，都取决于翻译的目的。[②] 例如：

Your explanation does not satisfy us.

译文 1：你们的解释不能让我们满意。

译文 2：希望贵方能做进一步的解释。

解析：商务翻译以促进贸易合作、有效达成交易为目的。商务文本是建立在礼貌基础上的正式的实用文本，措辞通常婉约得体，翻译时也尽量使之婉转有礼，即使是向对方抱怨也要避免产生歧义与误解，尽量使交流得以顺利进行。与译文 1 相比，译文 2 根据翻译目的，以易于目的语读者接受为导向，采取意译的方法，有效地达到了商务沟通的目的。

由此可见，“目的论”能够有效地指导商务英语的翻译策略。从翻译目的论可以看出，不同内容的翻译或即使是同一内容的翻译，在不同时间、不同地点，面对不同的读者群，都将用不同的标准来衡量。“目的功能论”对指导实用类翻译提供了较为客观、可行的原则和标准。

（二）功能对等论与商务英语翻译

功能对等理论是“现代翻译理论之父奈达”所提出的，对世界翻译领域有着巨大的影响。奈达的对等翻译观经历了形式对等、动态对等到功能对等三个阶段。他认为“功能对等”的翻译即是在译语中再造出首先在意义上、其次在风格上与源语信息最切近而又自然的对等物（the closest natural equivalent）。“对等”指向源语信息，“自然的”指向译语语言，而“最切近”则是在高度近似的基础上把两种取向结合起来。“最为切近的自然的对等物”充分反映了翻译中不存在像数学中那样的“完全对等”，而只能是基于各种不同程度的“切近”的“功能对等”。[③]“功能对等”既重视对源语信息的忠实，

① 董晓波．商务英语翻译（第 2 版）［M］．北京：对外经济贸易大学出版社，2017：74.

② 廖芸．商务英语翻译教程［M］．北京：对外经济贸易大学出版社，2016：117.

③ 郭晓燕．现代实用商务英语翻译［M］．北京：对外经济贸易大学出版社，2013：41.

又要求符合译语语言的规范和习惯表达，在保持语义对等的前提下，必要时调整源语的形式，达到译文的通顺。“功能对等”的实质是建立在“效果对等”的原则基础之上的，旨在建立源语读者与译语读者的“相似反应”。“功能对等”论承认和面对翻译中种种限制和欠缺，既向往翻译的理想境界，又反映翻译的局限性、相对性和灵活性；既突出忠实于原文的重要性，又照顾译语和源语的契合程度；它既是直译，也是意译，同时又超越了直译和意译。因此，它是一种切合实际，适应性很强的翻译主张。例如：

银川是宁夏回族自治区的首府，位于甘肃省中心，从明清以来，她就是伊斯兰教在西北部的居住地和传播中心。

Honored as a smaller Mecca, Yinchuan, the capital of Ningxia Hui Autonomous Region is located in central gansu Province. Since the Ming and Qing dynasties, Yinchuan has been a place for Moslems to live in and a center of islamic education in the Northwest.

解析：译文没有拘泥于原文，而是根据“功能对等”的原则转译，力求“效果对等”。在中文资料中“银川”对外来游客来说是陌生的，添加“Honored as a smaller mecca”，“银川”则转化为他们熟悉的同类的内容。麦加作为伊斯兰教的圣城，对西方人来说是非常熟悉的。因此，把银川与麦加相比，建立源语读者与译语读者的“相似反应”，很好地说明了银川在中国历史文化中的地位。

可见，目的论、功能对等理论对于商务英语翻译都具有很强的指导作用。21 世纪是信息时代，信息时代翻译的特点是：信息量大、种类繁多、知识更新快、涉及面广。这就要求译者能适应新的时代变化，更新观念。同时，在翻译实践过程中，以一定的翻译理论为指导在基本忠实于原文的基础上，根据目的语读者群的审美心理、阅读习惯，以及目的语文化环境等因素，对基本忠实于原文的译文进行适当的调整，从而使译文在忠实于原文、忠实于目的语读者群以及忠实于目的语文化环境之间达到和谐的统一。

第二节　商务英语在企业文化传播中的重要性分析

众所周知，文化的发展对国家的发展有着重要的意义。同样的，文化也是企业发展必不可少的因素。经济的发展使得各个企业之间的竞争越来越激烈，很多企业在竞争中为了获取更多的利益，就会不顾及文化的发展，只考虑所取得的效益和利润，在短期看来，这样会在一段时间内促进企业的发展，但是却不利于企业的长久发展。如果一个企业既重视经济的发展，也重视企业文化的发展，那么这个企业就会在很大的程度上给自己的企业建立起一个很好的形象。只有企业具有良好的形象，才能吸引更多的企业与之合作，也才能促进自身的长久发展。同时，企业的文化还需要根据时代的发展而不断创新，只有这样企业才能紧跟时代步伐。

随着经济全球化的发展，世界各国间的国际往来也日益频繁，一个企业要想在这种背景下生存下去，就必须重视商务英语，明确商务英语在企业文化传播中的重要作用。因此，在传播文化时，企业应该切实提高员工的商务英语综合能力，并充分利用商务英语这一载体来传播企业的诸多文化。同时，商务英语在企业文化传播中的运用对企业员工的发展也是十分重要的。一个企业的文化在很大程度上影响着企业员工的思想和行为，作为企业文化传播的载体，商务英语对企业员工的综合应用能力有着很大的影响。

近年来，在文化多元化的冲击下，企业在利用商务英语传播企业文化的过程中，紧跟时代发展的步伐，在发展自身优秀企业文化的同时，不断吸收其他企业文化的精华，并不断更新商务英语在企业文化传播中的途径，从而使商务英语在企业文化传播中始终处于重要地位，进而促进企业文化的传播和长久发展。

第三节　文化因素影响下的商务英语翻译策略

一、强化跨文化意识

各个国家和民族都有其特有的历史背景和文化传统，而且也都有自己的文化禁区，有些内容在一种文化中很有创意和美感价值，可是到了另外一种文化中可能会因不同的文化价值取向而失去了原有的美感价值和创意，甚至有可能造成民族情感的伤害。交际双方的民族文化都有其独特的言语和非言语行为特点和功能，唯有真正充分地认识并理解这些特点，才能使商务交际活动过程中所出现的跨文化交际问题得以更好地解决，从而使跨文化交际达到最佳的效果。对于专业的商务英语翻译人员来说，要想最大程度地表达出原文中所要传递的信息内容，除了熟练把握相关的专业知识和语言特点以外，还应该具有较强的跨文化意识。因此，在当今多元文化格局的影响下，要想实现商务英语翻译的最佳效果，就必须注重跨文化意识的培养。

二、寻找中西文化契合点

商务英语翻译实际上是一个实践的过程。在这个过程中，译者既要吸纳并融合外国特有的文化，又要扭转本土文化的尴尬“失语”局面。面对中西文化的种和差异，译者在商务英语翻译过程中应该尽量避免使用同一语，要寻找中西文化的契合点，并在表达上寻求对等语。译者只有从中西文化的契合点入手，才能在尊重中西文化差异的基础上将原文所要表达的思想和情感最大限度地呈现出来。

三、遵循等值翻译理论

从语言学角度来看，等值翻译理论必须遵循以下原则：从语言学角度来看，译者应力求达到与原文作者在思想上、意境上以及各个层面上的等值；从文化角度来看，译者应对源语和目的语的两种文化有深刻的理解，以求实现信息传达上的等值。因此，在当今多元文化背景的影响下，译者应该以等值翻译理论为指导，将原文的信息内容用译入语忠实、准确地表达出来，以实现原文与译文在信息传达上的对等。

需要指出的是，译者在具体的商务英语翻译中要保证所采用的专业术语、概念、词汇、短语等前后始终保持一致，并在充分了解中西文化差异的基础上，通过采用恰如其分的方法使译文和原文所传递出的文化信息尽量达到等值或对等，不能将其在翻译过程中随意变换，以免译文读者产生误解。同时，译者还要确保译文的言语行为方式符合商务文书的各种规范要求，包括语言和行文。总之，将文化因素与等值翻译理论相结合，是当今多元文化时代商务英语翻译的重要策略。

第四节　商务英语翻译的具体策略分析

一、直译

凡专有名词、专业术语等一般都采用此种方法对译，不涉及一词多义的问题，所以比较好处理。例如，OPEC——石油输出国组织（欧佩克）；APEC——

亚太经济合作组织（亚太经合组织）；gentlemen's agreement（君子协定）；chain reaction（连锁反应）等。

直译有时能保持原文的生动形象，补充或丰富汉语词汇，使译文鲜活有力。直译是一种重要的翻译方法，优点在于能传达原文意义，体现原文风格等。但是，直译具有一定局限性。不顾场合、不顾两种语言差异，一味追求直译，就会造成误译。所以，直译法首先应该考虑在汉语能够接受的前提下进行。例如：

The flight to safety play will also be good for gold prices, which continue to be in a generational bull market in spite of the recent consolidation.

这种避险倾向还将对金价构成支撑。尽管金价近期出现调整，但黄金仍处在一个长期牛市之中。

解析："bull market" 指行情上涨，现在牛市、熊市的说法，在日常生活中已经得到普遍接受。

二、意译

译者在动笔翻译之前要深刻理解原文的中心思想和内容，按照中外语言文字的不同习惯，尽可能地把原文的思想、语气、风格、感情色彩再现出来，努力做到所谓的"信、达、雅"。例如：

The growth of the Asian Tigers is expected to moderate in 2013, and some insiders say they're already seeing a slow-down in the luxury market.

预计2013年"亚洲四小龙"的增长将放缓，有些内部人士表示，他们已经在奢侈品市场上看到了放缓的迹象。

解析：汉语习惯称亚洲"四小龙"，而西方人大都称作 the Asian "Four Tigers" 或 "Four Tigers" in Asia。

三、艺术加工

翻译是一种再创造的工作，简单对译的情况很少，即使是完全在字义上的对译，也会发生语序的变化。因此，翻译时使用最多的是完全对译和部分对译相结合的方法。同时，还要进行艺术加工，即合并、拆散、引申、增加、减少、补充说明等。例如：

A document or instrument containing the terms of an enforceable obligation between the parties is called a "contract".

所谓合同，是指当事人订立的包含可执行义务条款的文书。

解析：原文主语较长，按源语序直译成汉语，佶屈聱牙，不符合汉语表达习惯。通过语序变换，更贴切表达了原文含义，译文流畅顺口。

四、增词法

所谓增词法，就是在翻译时，为了使译文合乎汉语的习惯和表达规律，为了使意思更加明确，从意义、修辞和句法上需要在译文中适当增添一些源文中虽无其词而有其意的词。[①] 增词译法不是凭空想象，必须增之有道，补之有理。必要的增词对一个句子起着画龙点睛的作用，能够准确、通顺和完整地表达原文的内容，避免语义模糊。

1. 增加原文中省略的部分

英语中有省略现象，译为汉语时往往要根据句法需要补出英文中省略的成分，主要包括回答中的省略、动词的省略及比较句中的省略等。另外，为表示态度、逻辑关系等，也需要加词。

（1）增补回答句中省略的词语

—He doesn't know, does he?

—Yes, he does.

——他不知道吧？

——不，他知道。

（2）增补并列结构中省略的词语

例 1：Know the true value of time; snatch, seize, and enjoy every moment of it.

知道时间的真正价值。才能争取每一刻，抓住每一刻，享受每一刻。

解析：英语句型中常见多个及物动词带同一个宾语，而只保留最后一个宾语译成汉语时，应将每一个动词的宾语均译出，更能将意思表达清楚。

例 2：The machines must be well protected against dampness, moisture, rust and shock.

机器包装必须防湿、防潮、防锈、防震。

解析：英语中常用名词于介词之后，省略原有的动词，在翻译时常将动词译出，意思更明确、通顺，符合汉语习惯。

例 3：The banking reform is the inevitable choice of marketing economy and social development.

银行业的改革是市场经济的必然选择，也是社会发展的必然选择。

① 曾文华. 商务英语翻译［M］. 武汉：武汉理工大学出版社，2009：80.

解析：句子中的 social development 是并列宾语，译时需把省略部分明确译出。

2. 增补表示逻辑关系或者平衡结构的词语

有时候英语原文中并没有表达逻辑关系的词语，但根据上文可以判断出其隐含的逻辑关系，如假设、让步、因果关系等，在翻译时要适当加以补充，增加表示承上启下的词。

CDs would be far cheaper to produce without the glossy packaging.

如果没有那些花哨的包装，CD 的生产成本会低得多。

3. 增加意义上或修辞上的需要部分

主要有以下几种情况：一是动词、形容词或副词的增加；二是对于英语中的某些抽象名词，翻译时需增加适当的汉语名词；三是添加表示英语复数名词和动词时态的词；四是增加英语中所没有的量词；五是增加语气助词或某些概括性的词。下面选取几个最为典型的情况进行分析。

（1）增加动词

根据上下文的具体意义，在翻译时经常需要在某些名词及动词之前或之后增加动词，这样才能使译文的意思明确完整，读起来也较通顺自然，符合汉语习惯。

He attempted to get in touch with them but without success.

他试图和他们联系，但未成功。

（2）增加副词

根据原文的上下文，有些动词在一定场合可增加适当的副词，这样才能确切表达原意。

We'll make burning fossil fuels die away.

我们要渐渐停止使用化石燃料。(增译副词)

（3）增加连词

We all have scars from falling out with sponsors. You need protection should it break down.

我们都有与合作方吵翻的经历。万一这种情况发生，你需要保护。(增译连词)

（4）增加名词

①在不及物动词后面增加名词

英语中有些动词有时用作及物动词，有时用作不及物动词，当它作不及物动词用时，宾语实际上是隐含在动词后面的，译成汉语时往往需要把它表达出来。

Before signing, he covenanted that he would remain in possession.

签字以前，他要求以保留所有权为条件。

②在形容词前增加名词

The latest type of TVR system is indeed light, simple, durable, cheap and fine.

这种最新型的电视录像装置真是重量轻，结构简单，经久耐用，价廉物美。(增加了形容词前的名词)

解析：句中的 light，simple，durable，cheap 和 fine 均为表语，而在翻译成汉语的时候，在形容词前可增加名词，使句子更符合汉语表达方式，语句通顺。

③抽象名词后加词使其具体化

某些由动词或形容词派生来的抽象名词，翻译时可根据上下文在其后面增添适当的名词，从而使译文更合乎规范。

My respect for your intelligence is only equalled by my admiration for your integrity.

我对你聪明才智的敬佩不亚于对你为人正直的景仰。

（5）增加表示名词复数的词

汉语名词的复数没有词形变化，很多情况下不必表达出来。但要表达指多数人的名词时，可在该名词后面加“们”字，或在该名词前面加上“诸位”“各（位）”。此外，英语名词复数，汉译时还可以根据情况，增加重叠词、数词或其他一些词来表达，以使译文更加通顺，更加完整。[①]

①增加重叠词表示复数

Regions from Asia to Eastern Europe went on a credit-fueled building boom, erecting shopping malls—often with multiplexes attached.

从亚洲到东欧的很多地区都兴起了一股由信贷推动的建设大潮。一座座大型购物中心拔地而起，它们通常都配备有多厅影院。（“一座座”体现了 shopping malls 所表示的复数内容）

②增加数量词

He integrated his advisor's suggestions into his plan.

他把顾问的若干建议纳入他的计划。

（6）增加表示时态的词

英语动词的时态是靠动词词形变化或加助动词来表达的。汉语动词没有词

① 金焕荣．商务英语翻译［M］．苏州：苏州大学出版社，2007：119.

形变化，表达时态要靠增加汉语特有的时态助词或一些表示时间的词。[①] 除此之外，为了强调时间概念或强调时间上的对比，往往需要加一些其他的词。

Mother has been advertising for a cleaner for weeks without success.

近几周母亲接连登广告想雇一名清洁工，但至今没有找到人。

五、减词法

减词法是与增译法相对应的一种翻译方法，即删去不符合译语思维习惯、语言习惯和表达方式的词，以避免译文累赘。但需要注意的是，省略并不是把原文的某些思想内容删去，省略不能改变原文的意义。在不易减译的情况下，不要随便删减。省略的使用能避免重复，突出主要信息。

1. 省略代词

省略代词主要是指省略作主语的人称代词、泛指的人称代词、作宾语的代词及物主代词。

（1）省略作主语的人称代词

根据汉语习惯，前句出现一个主语，后句如仍为同一主语，就不必重复出现。英语中通常每句都有主语，因此人称代词作主语往往多次出现，这种人称代词汉译时常常可以省略。

They will change their tune when they find out the seriousness of the problem.

发现问题的严重性时，他们会改变态度的。

解析：前后句均为同一个主语，省略后句中的人称代词，使句子更精炼。

在英语中，泛指人称代词作主语时，即使是作第一个主语，在汉语译文中往往也可以省略。

You will have to block up the wheel of the car to change the tire.

换轮胎必须把车轮垫起来。（省略代词“you”）

（2）省略作宾语的代词

英语中有些作宾语的代词，不管前面是否提到过，翻译时往往可以省略。

Please give me small change for this ten-yuan note.

劳驾，把这 10 块钱换成零钱。（省略作宾语的代词 me）

（3）省略物主代词

英语句子中的物主代词出现的频率相当高。一个句子往往会出现好几个物主代词，如果将每个物主代词都翻译出来，那么汉语译文就显得非常啰唆。所

---

① 邢丽华，杨智新．商务英语翻译理论与实践应用探索［M］．北京：新华出版社，2015：123.

以在没有其他人称的物主代词出现的情况下，在翻译时物主代词大多被省略。

The manufacturers in some countries dumped their surplus commodities abroad.

一些国家的制造商向国外倾销过剩产品。

解析：英语句中的物主代词 their 完全可以省略，如果译出“他们的”，汉语的句意反而显得累赘。

(4) 代词 it 的省略

it 用作形式主语或形式宾语以及强调时，常省略不译。

It is necessary to set down these additional rules.

有必要制定这些补充规则。(it 在句中是不定式 to set down 的形式主语，译成汉语时将 it 省去直接将真正主语“necessary”译出作主语，句子更精炼)

It is stipulated in the contract that the workers be paid by the piece.

合同上规定工人们应领计件工资。(it 是形式主语，that 是先行词)

2. 省略连接词

汉语词语之间多是意合关系，而英语则是形合关系，英译汉时在很多情况下可不必把连接词译出来。

Sit back and enjoy your flight.

请大家宽心安坐，享受飞行的乐趣。(省略了并列连词 and)

3. 省略冠词

英语有冠词，汉语没有，因此，翻译时冠词一般可省略。

The President's visit to the slums was a mere pose.

总统到贫民区去访问只不过是做做样子罢了。

解析：在英语中的定冠词 the 如果均在汉译时译出“那（个），那（位）等”，则使句中的汉语意思更加累赘，省略更能表达原意。

英译汉时，省略原文中的冠词是一般情况。但在某些场合，冠词却不能省略，可以翻译为“一个，每一，这个，那个”等。例如：

Without a word, she turned and swept out of the room.

她一言不发，转过身高傲地走出了房间。

4. 省略动词

英语句子中一般必须有谓语动词，而汉语句子中的谓语并不一定非由动词充当，形容词和名词等同样可以做谓语。英译汉时可根据汉语的习惯适当省略原文中的某些动词。

He behaved politely while answering the interviewer's questions.

他在回答采访者的问题时很有礼貌。(behave 不译)

5. 同位语前置名词的省略

But we also notice the fact that the air is severely polluted.

但我们应该留意到空气被严重污染了。

解析：在同位句中，the fact 就是指 that 所引导的 the air is severely polluted，译成汉语时，可以省略 the fact，以免显得累赘。

6. 同义词或近义词的省略

Neither party shall cancel the contract without sufficient cause or reason.

双方均不得无故解除合同。

解析：例句原文中的 cause or reason 是近义词，在英语中常一起出现，但从汉语的角度来看，表达的是同一个意思，所以译文可以简洁一些。

第六章　基于传播学的法律英语翻译策略研究

法律英语是专门用途英语，具有严谨、准确、庄重、专业等特征，在法律英语翻译过程中，翻译人员需要尊重法律英语的特征，遵循一定的翻译原则，采用合适的翻译策略，使法律英语翻译更准确，更符合汉语表达习惯。本章对基于传播学的法律英语翻译策略进行研究。

第一节　法律传播学与法律英语翻译概述

一、法律传播学

（一）法律传播学的内容

法律传播学是法律传播活动的行为科学。法律传播学不仅是一门关于法律信息传递的理论科学，也是一门推动法制建设稳步、健康发展的应用科学。传播的法律信息，涵盖着法律知识和法律文化。法律知识使人们增长了见识，掌握了维护正当权益的武器。法律文化陶冶了公民的情操，提高了社会法制文明意识。法律信息的传播与应用，有力地推动着社会的进步。

法律传播学是对法律传播现象的高度概括和法律传播活动的科学总结，以利于法律传播得到最大限度的发展。提高社会法制文明，需要不断地强化人们的法律意识；提升公民的法制素养，需要法律信息的雄厚积累。为此，必须以法律传播学的理论和实践作后盾。

法律传播学有其自身的发展轨迹，呈现着一定的规律性。规律是事物内部的、本质的、必然的有机联系和发展趋势，是学科赖以成立的支柱。任何一门学科的建立都必须以一系列规律为基础。法律传播学也应该有自己独立的规律体系，这是法律传播学得以独立于科学之林的必要条件和进一步发展的基本保证。因此，用一定方法研究法律传播，找出其规律就显得格外重要。定性、定量都有其科学的一面，也有其不足的一面。把二者更好地结合起来，对于寻找法律传播规律将是有意义的。定性是经验的总结，定量是精确的计算。定性有其灵活性，它可以根据事物的变化及时地做出调整，把诸多复杂的因素考虑进去。定量虽然可以精确计算，但无论多么精确的计算都无法精确计算复杂多变的社会现实。因而过分依赖计算，拘泥于计算是对科学的亵渎，因为计算的结果很多时候与社会实践是脱节的、不相符的。

文献计量学的产生为文献的价值衡量找到一条比较客观的规律，但也正由于文献计量学的所谓客观标准，导致了学术泡沫和学术腐败。人们不惜为所谓的客观标准去弄虚作假，其结果使文献计量学的应用价值受到世人的质疑，使人们失去了对文献计量学的信任。

凡此种种，都为法律传播学的建立提供了成熟经验和深刻教训，也为法律传播学的发展找到了正确的道路。因此，在尊重科学演绎的同时，也要注意经验的归纳和吸收。

一门新兴学科的诞生，既是最新知识的强力切入，也是传统学科的分化整合。法律传播学是在法学和传播学的边缘形成的一块领地，它具有相关学科的遗传因子，又有不同于其他学科的独立理论体系。法律传播学离不开法律，离不开传播，也离不开人。这其中人是最主要的因素。没有人既不会产生法律，也不需要传播。法律是人的法律，传播是人的传播。人是法律和传播的主体。人的社会需要引发了法律传播，法律传播也在一定程度上满足和适应了人的社会需要。没有特定的传播目的和人对传播的特殊需要，就不可能有法律传播活动的产生与运作。人通过法律传播创造法制社会，创造依法治国的环境。法制社会和依法治国的良好环境又促进了法律传播，使法律活动更加规范。人作为法律传播的起点，积极主动地传播法律信息，也处于法律传播的终点，有区别地选择接受法律信息。在法律传播中，人的心理和行为受到传播的法律信息的直接影响，但由于人的不同立场、态度、需求、背景等因素，又不一定为法律传播的信息任意左右和控制。所以研究法律传播学，研究传播中的人与法律的互相影响是至关重要的。

法律传播是一个相互影响、相互作用的过程。法律传播者一方面通过传递国家法律法规的精神、原则向公众施加影响，左右人们的行动，实现国家的意志；另一方面传播者也在传播中不知不觉地受到法律法规的制约和规范。传播者一方面要求别人遵守法律，另一方面也被人们的法律行为所影响。法律接受者对于法律信息不是一味地被动接受，而是在接受中根据情况做出自己的选择，并可能对法律传播做出积极的反应，主动参与，以便使自己的行为和态度能够影响法律传播者，迫使法律传播者改变传播的内容和手段。

（二）法律传播学的目标与任务

法律传播是一项有目的的社会活动，其目的就是法律传播的目标。有了目标，法律传播就有了努力的方向，就有了聚焦点。法律传播是具有明确目的的法律行为。法律传播者所追求的是自己预先设定的传播目的的实现。目的是行为的灯塔，成功的向导。法律传播的目的具有预见性、指引性、约束性，使法律传播活动既按照既定的目标前进，避免法律传播活动迷失方向，同时，又能够作为实现目的的评价标准，衡量法律传播活动的成功与失败。法律传播的目的不仅仅是为了使公民了解法律信息，如果法律传播仅仅停留在使人们知晓其传递的信息层面上，并没有触及灵魂，付诸实践，法律传播就不能说是达到了满意的效果，只能算“雨过地皮湿”的毛毛雨，离开了法律传播的根本要求。法律传播更主要的目的是为了通过法律信息的传播影响公民的法律心理和法律行为，通过法律信息来左右和影响公众的态度和活动，使人们按照国家法律法规的规范和要求去行事。了解是基础，实践是目的。法律传播学从法律传播的社会作用出发，利用行为科学的方法，研究法律传播的一般规律，其目的在于提高法律传播的效果，促进法制建设的深入发展。

法律传播学是法学与传播学相结合产生的新兴边缘学科，是从传播的角度研究法律现象的科学，具有很强的可操作性和广泛的应用前景。但法律传播学的任务是繁重的、艰巨的，需要社会各界的共同努力。

1. 建立法律传播学理论

法律传播学的研究，有助于研究者对法律传播规律的探讨。法律传播现象是纷繁复杂的。没有法律传播理论上的思索和整理，法律传播的各种现象永远是混乱无序的。没有对法律传播理论的深入研究，必将深刻地影响法律传播的科学预测和法律传播策略的预先拟定。建设现代化社会，必须建立与此相适应的法律传播机制。

2. 为法律传播决策提供依据

法律传播学的研究，有助于人们深刻地认识和掌握法律传播规律，提高法律传播的科学化水平。法律传播过程和法律传播活动，离不开法律传播决策。法律决策者如果没有丰富的法律传播知识，没有对法律传播规律的一定认识，就可能做出违背法律传播规律的决策，就不可能使法律传播取得比较满意的社会效果和政治效果。

3. 指导法律传播实践

法律传播学的研究，有助于法律传播者自觉地利用法律传播规律组织法律传播活动。法律传播活动有着自身的方式方法，法律传播者要熟练地掌握法律传播技巧，最大限度地运用好这些方式方法，充分发挥它们的积极作用。对于法律传播实践中遇到的新情况、新问题，也要积极从法律传播理论中寻找解决的办法，切忌仅凭直觉或个别经验来解决问题。

4. 促进法律信息沟通

法律传播学的研究，有助于法律接受者及时、准确地接受法律信息，充分地利用法律信息资源。法律信息丰富多彩，法律接受者千差万别，法律传播学研究就是要使他们接受各种适销对路的法律信息，增强法律传播的适应性和灵活性，帮助公民正确地理解法律信息和合理地使用法律信息，解决法律信息接收中的各种问题。法律传播学的产生，不仅有利于国家法律信息的广泛传递，有利于我国法学的深入发展，也有利于法律活动的开展和统一，有利于公民对法律内容的了解和掌握，具有重要的现实意义和实际作用，将更加积极地发挥法律传播决策者、法律传播者和法律接受者在法律传播活动中的应有作用。法律传播提供的信息服务，推进了法制建设的进程，满足了公民对法律信息日益增长的需要。这是法律传播学得以立足的基础。

二、法律英语翻译

法律英语是英语的一种语域变化体，是欧美国家在长期的司法实践中逐渐形成的一种特殊表达模式和规范，由于语域不同，相比于普通英语，法律英语作为一种专门领域的工具语言，有自身特殊文体特征。在进行翻译时，译者需深入了解并把握这些特征，以确保翻译的准确性和合理性。

（一）法律语言

谈及法律，众多语言学习者认为与己无关。然而法律与语言的关系十分密切。法律文本涵盖宪法、合同、契约等类型，以信息交流为目的，基本功能是严格规定双方的义务和权利，并详细说明未能完成义务时应当承受的处罚细则。因此法律文件起草人必须运用精确的语言和使用大量的修饰语限定法律意义的范围、条件等。因此，法律文本最本质的特征就是权威性和约束力。

法律语言目前还普遍存在非大众化的局面，无法被大众接受，但是从学科发展角度，已经提出了法律语言学的新兴学科，证明法律语言的大众化成为趋势，也对法律翻译的研究提出了新的理念。

（二）法律语言的特点

1. 词汇特点

法律用词精确、严密、无歧义。法律词语分为法律术语、司法惯用语、文言词语和普通词语四类。基本上分为单义词和多义词。所谓单义词就是不随着语境变化，可以与语句分离的词语，如“仲裁”“寻衅滋事罪”等。多义词指的是与语境相关，随语境变化而产生多种含义的词语，在法律领域运用广泛。

法律文件慎用代词，以避免误解和歧义，只有在被指代词为中性词并不会造成误解且不用代词会造成累赘感的前提下，才可以使用代词。除代词问题外，法律中的名词在英语文本中、动词在汉语文本中的使用频率最高。

2. 句法特点

法律文本基于法定程序具备不容置疑的法律效力，具有权威性，因此语言客观，在众多句式中陈述句是最佳的表现形式。陈述句能详尽完整地传达信息，表达形式完整。客观性的另一种表现形式就是避免具有感情色彩的主语的出现，因此法律文本较多地使用被动语态。法律句式中长句和平行结构突出。英汉相较，英语长句多于汉语。

3. 篇章特点

法律语篇的语用特点是语言的法律效力，这就决定了法律的篇章特点要根据不同类型和功能决定。英汉两类语篇“都是由描写性成分过渡到规定性成分、由颁布命令和/或前言过渡到具体条文，‘其结构层次分明，都是采用从宏观到微观、从总论/总则到条文、从重要条文到次要条文的语篇结构’”①。

法律文本使用频率最高的方式是记叙、议论和说明三种。一般而言，记叙的方式表达事实，议论的方式阐述理由，说明的方式介绍当事人。

（三）法律英语翻译的原则

法律英语翻译属应用翻译，它必须服从法律交际行为的实际情景需要。虽然法律英语翻译的受众主要是来自目的语国家的人，但其适用范畴仍然是源语语境。这使得法律英语翻译与其他应用翻译有所不同。法律英语翻译需要遵循以下原则。

1. 内容上力求忠实完整

法律英语翻译所产生的文本在内容上必须与原文本完全一致。对内容的任

---

① 杜金榜，张新红．法律英语核心教程 第1册 第2版［M］．北京：对外经济贸易大学出版社，2011：285.

何增添、篡改、删减等都必须非常谨慎。因为它可能改变法律的本意，产生不良的法律后果。为此，在法律英语翻译实践中，译者应尽量确保译文与原文在语义和语用方面能实现尽可能地对等。对于原文中存在的隐性语用含义，译者也尽可能外化为显性的语义表达。

2. 语言上确保清晰简练

准确达义是法律英语翻译的基本要求。如果其语言表达晦涩或有歧义，那么就可能导致误解，从而造成不良的法律后果。法律译文的受众包括非专业人士，简练的语言有助于他们的准确理解。在翻译中，译者必须对字词句进行细致的推敲斟酌，确保译文的可读性。

3. 风格上必须庄重规范

不同法律体系下的语言使用存在差异。因此，法律英语翻译很难也没有必要把一种法律英语翻译成另外一种法律的风格。比如，在中国法律英译中，译者很难、也没有必要一定使用古英语或同义词来表达。然而，各国家法律之间还是具有一些共性的。法律都是国家意志的一种表达方式，因此，译者必须使用庄重的风格。法律英语翻译也必须遵循这一规范。

第二节　法律英语翻译的影响因素

一、中西文化差异

根据泰勒（E. B. Tyler）对文化的论述："文化是一种复杂体，它包括知识、信仰、艺术、道德、法律、风俗以及其他社会上学到的能力与习惯。"[①] 也就是说，文化既是全人类创造的物质财富和精神财富的总和，又是人类文化价值观念的知识体系。[②] 文化具有普遍性，这是民族间、国家间交流的基础；文化又因不同的民族、不同的国家存在差异，有其独特内涵。这些因素导致了民族间、国家的交流出现了许多问题。翻译是这样，法律翻译因其具有特殊的社会性质和特征更是这样。语言翻译不可避免地会受到文化的影响。这是因为，语言是文化的载体。人的思想深受文化的影响，作为与思想有紧密关系的语言必定是文化的承载体。语言除其工具性功能外，语言本身也是文化的一部

---

① Tyler S. A. The Said and the Unsaid [M]. New York: Academic Press in New York, 1978: 23.

② 高明阳．浅谈法律英语的语言特征和翻译［J］．海外英语，2019（17）：122-123.

分，也是文化的重要内容。文化是通过人的社会活动获得的，人在获得文化的同时，也获得语言知识和能力。实际上，语言技能也是文化在人活动中的表现。语言是文化的基础。语言作为记录工具，不仅记录了信息，而且记录了文化。在人的社会活动中，人的思维、思想、社会策略等都会在语言中得以体现。

文化的内涵和特征是在一定的历史条件、自然环境、社会变化中形成的。文化具有民族性、国家性和社会性。不同的种族、民族、国家和社会的差异性很大，文化存在很大差异。作为文化一部分的价值观念、思维方式等也存在巨大的差异。这就导致了翻译中的困难和问题。作为文化一部分的法律文化也存在巨大的差异，两种法律文本的专业术语、措辞形式差异较大，给译者带来了很大挑战。[①]

语言是文化的载体，汉语和英语分属于不同的语系。汉语和英语体现中西方不同的思维模式。属印欧语系的英语重“形合”，以语言形式各种手段连接句中的词语或分句，以形式表显意义，极具形式逻辑基础。属于汉藏语系的汉语重“意合”，语句中的语法意义和逻辑关系主要通过词语或分句的含义而不是语言形式来表达，以意义来把握形式（以神统形），注重语言意义的内在逻辑关系并作隐性连贯。思维方式和语言表达方式的极大差异致使英汉语言之间很少有相对应的句法结构。[②]

法律文化是指一个民族或国家在长期的共同生活过程中所认同的、相对稳定的、与法和法律现象有关的制度、意识和传统学说的总体。[③] 包括法律意识、制度、实践，司法制度、法律实施、法律教育和法学研究等活动中所积累起来的经验、智慧和知识，是人民从事各种法律活动的行为模式、传统、习惯。[④] 美国劳伦斯·弗里德曼（Lawrence Freedman）于 1969 年首次提出了法律文化的概念，他认为法律文化是指公众对法律制度的了解、态度和行为模式。[⑤] 法律文化是关于一个国家中与法律有关联的所有内容，包括法律本身。[⑥]关于法律文化的定义，我们还可以将其定义为与整体文化相关联的组成部分，是“普通文化的组成部分，习俗、观念、行为与思维模式以特定的形式去改

---

① 张法连．法律翻译中的文化传递［J］．中国翻译，2019，40（02）：165-171.
② 张法连．法律英语翻译中的文化因素探析［J］．中国翻译，2009（2）：48-51.
③ 埃尔曼．贺卫方等译．比较法律文化［M］．北京：清华大学出版社，2002：56.
④ 埃尔曼．贺卫方等译．比较法律文化［M］．北京：清华大学出版社，2002：12.
⑤ 弗里德曼．美国法律史［M］．中国社会科学出版社，2007：36.
⑥ 劳伦斯·弗里德曼．美国法律史［M］．中国社会科学出版社，2007：52.

变社会力量，使其服从或者背离法律”[①]。

弗里德曼认为，法律文化这一概念指出了当代法律社会本身所具有的极大的复杂性和多样性。[②] 法律文化表现出社会所具有的广泛多样性的文化模态，具有社会普遍性，而有一些又具有特殊性。从20世纪后期开始，在欧美刑法中将原来认定为违反道德方面的行为纳入违犯法律的条款中。我国也已把勤俭节约、爱幼尊老等中华传统美德法律化了。自20世纪80年代以来，中国在制定诸如涉外法、民事诉讼法等法律中，在一定程度上借鉴了外国的与市场经济相关的成熟法律，促进了中国法制的全面建设。从世界发展上看，法律文化发展的总趋势是相互联系的，这表明法律翻译工作者会与世界潮流有更多的接触与互动。

法律术语是指固化法律制度体系中特有的事物、关系、行为或程序的词语。有些法律术语在不同的法律制度或法系中完全没有对等或对应的词语。只有识别其不同的文化内涵才能做出准确翻译。正如奈达所指出的，“要做双语人，就要成为双语文化通”。[③] 如果忽略法律的文化作用，只是简单地通过查词典进行翻译，翻译的内容往往就是误译。因此，了解原文的法律文化是做好法律翻译的前提条件，理解法律文化是高质量法律翻译的有力可靠的保障。下面，我们用几个英文法律专用词来简单说明这一情况。

例如：law 的概念比较大，通常指所有具法律约束力和规范性的国家文件，是泛指。它也指西方法律中的判例法和习惯法等。但是，针对具体的法律，西方通常不使用 law 来对法律进行命名，而是使用 act 来命名某个具体的法律。中国通常用 law 翻译具体的法律名称。

beneficial interest 在1998年大陆版《英汉法律词典》中的汉语翻译是“可享受的利益”；而在1998年香港版《英汉法律词汇》中则被译为“实益权益”。因此，准确地翻译这个术语必须要正确理解其字面意思和其中的文化内涵。根据法律含义，legal ownership（合法财产拥有权）和 beneficial ownership（实益财产拥有权）是两个层次。如果物主只拥有 legal ownership，而不是 beneficial ownership，那么，他就是有名无实的物主；如果物主财产拥有权不是 legal ownership 而是 beneficial ownership，那他就是有实无名的物主，因此，应把 beneficial ownership 翻译成“实益权益”。

---

① 劳伦斯·弗里德曼. 美国法律史［M］. 中国社会科学出版社，2007：59.

② Friedman L M. The Legal System：A Social Science Perspective［M］. NY：Russell Sage Foundation，1975：23.

③ Nida E A. Language，Culture and Translating［M］. Inner Mongolia：Inner Mongolia University，1998：25.

contributory negligence 可译为“共同过失”。“共同过失”这一术语指的是侵权行为所造成的损害结果及其扩大。在一个伤害案中，不仅加害人有过错，而且受害人同样有过错。按照美国法律的规定，在此类伤害事件中，如果原告本身也有过失，且其过失是造成伤害的主因，原告就不能获得赔偿。

double jeopardy 常被错误地翻译为“双重处罚”。实际上，double jeopardy 是指犯罪嫌疑人不能在同一个案件中、以一个罪名接受两次审理和两次定罪。在英美法律实践中，存在所谓的“一事不再理”法律原则。这一原则可以追溯到古罗马时期，法学家们将“一案不二讼”发展成“一事不再理”。

organized crime 常被人们翻译为“有组织的犯罪”。但在西方，由于 organized crime 在历史上曾被特指为“帮会犯罪”。为避免歧义，西方使用 enterprise crime 来表示“有组织犯罪”。

王佐良先生认为，法律英语翻译不仅仅是两种语言的对译，恰恰相反，由于法律英语涉猎范围甚广，包括各部门法以及诸多法律边缘学科，故从事法律英语翻译的人士须熟悉有关的法律知识。[①] 如果缺乏和没有相关的法律文化，特别是缺乏法制史等方面的知识，就会出现差之毫厘，谬以千里的不完全理解或理解错误的问题。因此，文化因素是影响法律语篇文本翻译的一个重要因素。在国际交流日益频繁的今天，不同国家、不同法系、不同法制在法律文化上不断碰撞与冲突。[②] 只有真正了解、掌握这些文化差异，并在法律语篇文本翻译中采取正确的策略和方法，才能使法律语篇文本翻译真正体现法律的性质和特点。

二、法律体制差异

在世界法律体系中，法律可根据法律渊源、形式、方法和立法技术与法律文化的差异划分为不同法系。根据这个划分标准，全世界的法律体系主要有大陆法系（罗马-日耳曼法系）、英美法系（普通法法系）、社会主义法系、宗教法系及其他法系。其中最主要的、影响最大的法系是大陆法系和英美法系，中国内地主要采用前者。这两个法系在法律渊源、结构和诉讼程序上的差异很大。

例如：在英美法系的民事诉讼程序中，discovery 指的是事实审理前的程序，主要是用来发现和明确与案件有关的事实；而在大陆法系民事诉讼中，不

---

① 陈忠诚. 法窗译话［M］. 北京：中国对外翻译出版公司，1992：25.

② 孔祥娜. 法律英语句子结构特点及其翻译探讨［J］. 山西省政法管理干部学院学报，2019，32(03)：104-105，109.

存在这种单纯为了发现案件事实而设置的非审理程序。[①] 因而，该词在我国法律中是没有的，也找不到对应词。在翻译时，译者就要根据英美法系的特点和中国法律民事诉讼法的实际，将 discovery 翻译为“证据开示程序”就比较合适了。再比如，陪审制度在英美国家和我国司法中都存在，但是，其特点和性质以及作用是不一样的，如果将两者混为一谈是不正确的。因为英美国家和中国所在的法系是不同的，在对陪审员的权限上的要求也是不同的。在英语中，juror 指的是陪审员，是在法律判决上有一定法律决定权力的人；而中国的陪审员只是根据法律规定对法院的案件审理的合法性进行监督。所以，中国的陪审员就应该用 judicial assessor 来表述。

就法律制度而言，大陆法系属成文法，英美法系属判例法。例如，在英美法系中，对侵害人或社会机构的权益设有专门性的侵权法，而中国的法系中就没有这种针对性强的法律。在中国法律中，此项法律是通过民事和刑事等法律中的相关条文中的情节程度和法律惩罚等形式进行体现。因此，在翻译时，就不能将 libel 和 slander 两个词都翻译为“损毁名誉罪”。根据两词的概念和判例法制度的法律含义，libel 专门用来指“以印刷、文字、图画或符号等手段进行毁损名誉的方式”。[②] 而 slander 则用来指“欲损害他人之名誉、职务、职业、业务或生计而进行贬低毁誉性言辞”。[③] 因此，在对其进行翻译时，libel 和 slander 可以被翻译为“书面诽谤”和“口头诽谤”两个术语。

在法院结构组织上，中国与英美等国家也存在很大的不同。中国的法院结构为基层人民法院、中级人民法院、高级人民法院和最高人民法院，组织形式表现为由下到上，两审终审制。而美国法院诉讼程序则采用“三审终审制”。联邦（国家）法院组织系统内存在联邦最高法院（U. S. Supreme Court）、联邦巡回法院（U. S. Circuit Court）、联邦地区法院（U. S. District Court）三级法院形式。[④] 州法院组织系统一般也分为三个层次：州最高法院（State Supreme Court）、州上诉法院（Superior Court of Appeal Late Division）及初审法院（County or Municipal Court）。[⑤] 州的最高上诉法院一般称为最高法院。但是，也存在一定的不同，纽约州和马里兰州的州最高法院则被称为上诉法院（the Court of Appeals）。

---

① 高明阳．浅谈法律英语的语言特征和翻译［J］．海外英语，2019（17）：122-123.

② 袁茜婷．法律英语翻译过程中文化差异的影响研究［J］．海外英语，2020（08）：42-43.

③ 高明阳．浅谈法律英语的语言特征和翻译［J］．海外英语，2019（17）：122-123.

④ 孔祥娜．法律英语句子结构特点及其翻译探讨［J］．山西省政法管理干部学院学报，2019，32（03）：104-105，109.

⑤ 张法连．法律翻译中的文化传递［J］．中国翻译，2019，40（02）.

三、思维逻辑差异

思维逻辑是思维的高级形式，是符合自然规律的思维方式。人的思维是人类在长期发展过程中形成的。一个民族因其客观的生存环境对其周围世界产生了认识，在这个过程中，其特有的经验和习惯就形成了，导致了这个民族所特有的思维方式的形成。思维方式的深层因素有意志、情感、态度，浅层因素则是语言。通过语言，表现人对客观事物的认识、认知、评价和总结，在不同民族之间就形成了思维方式的差异。了解掌握中西方思维方式差异有益于正确解读在不同文化和不同思维方式中的法律语言，并能很好地进行法律语言转换，形成准确的法律翻译。

世界可分为东和西两个大区域。卡尔·普利布兰姆（Karl Pribram）在其《思维方式之矛盾》里阐述道：世界上各民族之间的互相理解与和睦关系之所以受到不良影响，不仅因为语言是多样复杂的，还因为他们的思维模式是有差异的。① 中国人的思维具有综合性特点，要求注重事物之间的关系和对事物的总体把握，而西方人的思维具有分析性特点，要从已知推导出未知，注重事物的分析解剖和个体。中国人的思维还具有知觉经验性特点，对事物的认识主要表现为对经验的总结和对现象的描述，而在深层思考和对事物本质的哲学思辨等方面在很大程度上是基于感性认识的。西方人的思维具有逻辑性特点，是实证、理性和思辨的。中国人特别重视感性思维，即注重事物的具体状态，善于用具体化的事物表现抽象的概念，更喜欢利用类比推理进行思维，而西方人则擅长理性思维，即用抽象的概念来表达具体的事物。

东方和西方思维方式的差异主要表现在以下几个方面：在哲学方面，东方哲学总是运用超分析性和超逻辑演绎性的思维方式，不太注重论证和说明，这就形成了精神方面的内省传统和社会制度方面的人治传统。西方哲学（希腊哲学-数学传统和希伯来宗教-律法传统）成就了西方人精神方面的告解传统和社会制度方面的法律传统。在政治经济制度上，中国的传统经济是比较典型的自给自足的自然经济，缺乏与外界的联系。在封建君主制下，实行的制度是“家国同构”政治制度，家庭伦理道德及规范外显为国家统治秩序。② 西方文化源于非自然的手工业、商业、航海业，这就逐渐导致西方注重探索自然世界的科学传统。西方人拥有较强的斗争精神和维护自身利益的法律意识，他们以独立、自由、平等为其处世原则。在语言方式方面，由于汉语思维特点具有螺

---

① 廖秋忠．廖秋忠文集［M］．北京：北京语言学院出版社，1992：63.

② 时宇娇．法律术语的英汉翻译策略［J］．中国科技翻译，2019，32（01）：36-39.

旋性，汉语言的表达方式也呈现螺旋式结构，主要表现为，不直接切入主题，以反复、推进等螺旋形式对某一种问题进行展开，语言所表达的思想或观点不一定要和语言符号一致。汉语的衔接有时是通过上下文的意义进行隐形衔接。西方人的思维是呈直线型的思维，注重连续和推导。在语言上的表现是成分可分的、语言符号是线性的。因此，西方人认为直接表达要好于间接表达，要避免无关信息掩盖真实信息，通常以主题句的形式切入主题，再下分为若干点对主题进行分析性的阐述，最后得出结论。语言表达的思想与语符语义直接相关，通过使用一定的衔接手段将各个语句连接起来，这就使整个语篇是一个连贯的统一体。“英语民族注重直线思维，而汉民族则注重曲线思维。在表达思想时，英语民族的思维是直截了当的，他们习惯先交代要表达的要点；而汉民族则习惯从侧面加以说明、阐述外围的环境，最后给出话语的核心信息。”①

这些思维方面的差异在法律翻译中的作用很大，涉及法律翻译的成功与否。思维中的法律思维差异对法律翻译影响更大。

四、法律思维差异

法律思维是从事法律工作者遵循法律思维逻辑，依法律规定为取向，对法律及具体条款进行论证、解释和实施的法律思维。一般人日常生活经验中的思维有别于法律思维。一般思维主要是通过语言并以语言为媒介进行的，而法律思维需要依靠一系列的法律语词和涉法现象。法律思维要在公众思维的基础上，将法律内涵及其语言载体结合起来，形成特殊的、具有话语权威的话语系统，当然，法律思维媒介不仅包括语言，还可能包括其他形式。

法律思维具有规范性、共时性和严谨性。概念是法律的基础，概念构成规范，并通过一定的构成原则构建而成，并在社会各个层面上形成法律体系。法律思维表现在法律适用和法律解释方法的普遍性等方面。法律思维是一种包括形式逻辑、价值判断、经验判断的复杂思维模式，涉及各要素的复杂性，这就必然决定了法律思维的严谨性。

法律思维严谨性的外在的语言表现形式极为规范，具有极强的规范性、条理性和逻辑性。德国法学家伯恩·魏德士（Bernd Ruthers）认为：“法律概念是法律规范和法律制度的建筑材料。”② 法律概念的语言表达体现了中国与西方法系间的文化差异，必须理解并组合法条的概念，比较相关的法律概念，确

---

① 吴立芳，曾婷．试析英汉法律文化差异对法律翻译的影响［J］．现代交际，2018（23）：85-86.

② 陈宗明．逻辑与语言表达［M］．上海：上海人民出版社，1984：25.

定其不同内涵和外延，在此基础上进行法律文本的翻译。良好的法律思维有助于法律准确把握语言转换信度，从而有效地实施法律的社会功能。

法律的社会功能是根据普遍的逻辑思维和法律特有的逻辑思维决定，并加以落实的，其主要内容包括权利、施行、禁止、义务、颁布和废止等。逻辑思维中存在判断，这种判断是基于事物、事物性质及其关系和一定的言语表述形式的。因此，在法律语篇文本中约定俗成地使用一些固化了的陈述或祈使句式，其表达的内容是符合相关知识机制的。法律逻辑思维判断也包括联言、选言和假言等普通逻辑理论体系中的判断。联言判断是对若干事物之间存在关系的判断；选言判断指确定多个事物之间的关系中至少有一种关系存在的判断；假言判断指确定若干事物之间存在某一个条件关系的判断。

逻辑思维是语言转换、意义表达、形式与内容合理结合的有效途径。思维的普遍性逻辑是翻译存在并可行的根本基础。逻辑思维具有人类普遍性，它能够在语言中创造出“超句法”现象，同时，也能够创造翻译中的“超句法”现象。也就是说，翻译活动就是原文语境与逻辑普遍性之间的一种结合活动。逻辑思维涉及语句选用、内容意义表达及翻译中各种因素的处理。翻译是涉及两种逻辑思维方式的一种活动。从逻辑学观点上看，翻译实际上是一种思维创造过程，这个创造过程是思维逻辑和最佳语言选择以及两者关系的重新建构的过程。脱离开逻辑思维，翻译就只能是机械的语言转换行为，错误翻译也就不可避免了。

逻辑思维及判断存在并贯穿于翻译活动的整个过程。在法律语篇文本的翻译过程中，要进行逻辑思维上的意义分析、语言形式选择和语言形式的成分处理。逻辑思维和意义分析是翻译的准备阶段。要审慎梳理原文语句及语句间的逻辑关系，要把握好汉语的内在意义逻辑的意合性语言的特点和英语的外在形式逻辑的形合特点，同时，还要使逻辑思维及分析落实于汉英两种语言转换的整个过程之中。语言形式选择也具有同样重要的作用。要从原文的表层结构的语言表达形式入手，再经过逻辑思维的分析和加工，了解、掌握原文的深层结构，然后利用各种翻译手段对原文进行翻译。在翻译时，还应该把握好语言单位之间和其内部成分的关系。语言单位切分和意义切分都要根据原文内在的逻辑关系、意义连贯及其完整程度。词汇、句式、段落、篇章等都是包含逻辑意义的语言单位，要以逻辑思维关系作为语言形式的选择根据，翻译活动不仅要在字、词、句、段、篇等的表层结构上进行，还要将这些表层结构内化为深层意义，要从“语言形式”和“意义内容”两个方面进行综合考虑。

法律是国家制定或认可并由强制手段保障其实施和用来规范、约束全社会的最高行为准则，具有至高无上的权威规定性。法律翻译不同于其他体裁文本的翻译，主要原因是法律翻译不仅是跨语言、跨文化的交流活动，而且还是跨越法律体系的、基于逻辑思维的语言转换行为。因此，必须要了解原文和译文的法律逻辑构成才能够准确传达法律精神和文化信息。

五、汉英语言差异

虽然汉英语言存在一定的普遍性，两种语言也存在某些共性，但是，它们毕竟是两个民族的语言，在词语、句式和篇章等方面存在很大的差异。同时，又由于其承载了各自民族、国家和社会的价值观、思维等文化内容，这就使得汉英法律语篇文本的翻译变得更为复杂。

在词汇方面，由于语言、法律及文化等方面多种因素的影响，法律语言的词汇方面差异很大。法律文本翻译中的词汇对等是法律语篇文本翻译的最理想的选择，但是，从语言的差异和法律用词的概念、含义上，翻译中不能做到词语的一一对应，很少存在对等的词汇。在法律翻译实际操作中，由于法律特定语言的制约和法律文化的影响，翻译往往就更难把握了。因为，法律词汇的使用反映人们对事物、事物之间关系、行为以及行为发生和处理的方法、程序的看法。①

法律的句式结构和功能的不对应也会给法律翻译造成很大的困难。汉语是意合性语言。意合性语言的特点是突出意义的内在联系、意义关系和逻辑关系，而不注重语言形式方面的表现。对于一个完整的意义，汉语可以使用短语、省略句等，意义的完整性需要交际双方根据交际的话题和语境各因素来保持。在翻译成英语时，译者就要根据英语的特点和语言形式上的要求，进行句式成分完整化处理。英语的句式成分完整的要求是英语形合性语言的特点要求。形合语言强调语言符号的形式运用。形合语言的意义、关系要依靠语言的符号形式来展现。语句的功能是交际中必不可少的句式表达形式。由于意合和形合的区别，在汉英句式的语义功能上也存在不同。汉语多有无主句、省略句，语序也稍有变化；英语则是句子成分齐全、有序。另外，在立法语言的使用上，长句的使用是普遍现象。长句的构成多是由于使用多个限制语或修饰成分所致。汉语的限制或修饰语一般前置；英语限定语或修饰语一般后置。这样就导致了汉语和英语在句式上的巨大差异，翻译要根据汉语和英语的不同特点、思维模式和文化差异等因素，对汉英法律语篇文本进行全方位、多视角、多维度的翻译，以保证法律语篇文本翻译的准确性。

总的看来，影响法律翻译的因素很多，而且，这些影响因素往往还交织在

---

① 杜金榜．法律语言学［M］．上海：上海外语教育出版社，2004：23.

一起，这使法律翻译更加复杂。影响法律翻译的因素从上面的分析可知，可以分为两类因素：一类是隐性的，如文化、法律体制、逻辑思维和特有的法律思维等；另一类则是显性的，承载法律意义和信息的语言差异等语言因素。

第三节　法律英语翻译的具体策略分析

一、归化与异化

法律语篇文本翻译是两种语言在同一时空中的转换，包含了很多差异性较大的思想、文化、价值观及语言形式等各种因素。所以，译者要应对两种语言符号、形式之间的关系问题，尤其要特别注意合理、科学地处理两种语言所承载的不同政治、文化、社会、思维和认知及其之间的关系问题。处理这些因素及关系时，翻译“可以采取两种方式或途径来进行。一种方式是尽量不要干扰、扰乱原作者的思想（作品的原来面目），（译文）要尽可能地让读者去了解、接近作者；另一种方式是尽量不要干扰、扰乱读者的心理（获取真实的所得），要尽可能地（通过译文）使作者（作品）为读者所了解”①。实际上，就是针对受众翻译的翻译取向问题。根据翻译中的作者为导向和读者为导向的原则，产生了“异化法”（foreignizing method）和“归化法”（domesticating method）。

归化（domestication）是指遵守目的语言文化主流价值观，对原文采用保守的同化方法；或者采用透明、流畅的风格（transparent，fluent style）对作品进行翻译，以最大程度淡化原文对读者的陌生感（strangeness）。这种“归化”翻译策略的主旨要求是通过以译语文化为落脚点、以克服语言和文化等方面的障碍因素为解决问题的方法，使翻译作品本土化。因此，译者有责任在保持信息畅通的基础上，尽量避免文化冲突，带来信息传递不畅，甚至造成误解的现象。同时，译者还承担“传播”的任务，不应对译文读者的知识、经验和各种能力方面想象过高，更不能对读者提出过高的这些方面的要求，而要根据原文和译文的各自国家的文化和语言的各种影响翻译的因素进行翻译，使原文文本的内容和其所反映的原文世界更加接近译文语言的文化和世界，这样，原文文化和译文文化在文化方面就形成了“对等”。从根本上说，“归化”翻译就

① 谭载喜．西方翻译简史［M］．北京：商务印书馆，2004：36.

是要以目的语为中心，使原文适应译文，译文语言改写原文语言，用与原文意义和功能基本对等的译文语言，在充分考虑文化和语言各干涉因素的前提下从事翻译活动，努力使原文的语言本土化，亦即，使用译语国熟悉的语言进行翻译，使译文语言规范、流畅、地道、可接受性强。

异化（foreignization）是指脱离译语国的本土主流价值观，要求译文完全保留原文的语言差异和文化差异；或是在一定程度上保留原文的异国性特点（foreignness），有意不按译语的语言规范进行翻译。异化策略要求在译文中要保留原文国家文化，以保持、进行两个民族间的交流。异化策略还有一个假设，即译文读者的目的除掌握原文内容外还要了解异国文化。简单地说，“异化”翻译就是要以原文语言为中心，努力使译语妥协于原文，以翻译作品中的内容去使译语读者接受原文的语言表达式，并能够吸纳原文中的各种因素使自身的相关内容和形式得到改变。这种策略就是用原文语言主导译语。

关于“归化”“异化”存在很大争论，到底哪种方法好没有一个定论。韦努蒂（Venuti）认为，“归化”与“异化”是两种完全对立的翻译方法①，因此，在翻译中，不管是采用异化方法还是采用归化方法都要坚持原文与译文的统一，不能在翻译中两者混用。可以说，韦努蒂提出的归化翻译方法和异化翻译方法在一定程度上打破了语言方面的界限，将翻译的视野扩展到了语言、文化和美学等方面。

“归化”策略和“异化”策略的研究首先是在文学翻译领域。而作为规范、权威的法律语篇文本翻译中的“归化”策略和“异化”策略的研究并不是很多。从法律语篇文本的特殊的社会功能看，法律语篇文本翻译中要更多地坚持“归化”策略。诚然，虽然“归化”策略确实存在很多不足，但是，其在法律语篇文本翻译中的作用还是要得到肯定的。法律语篇文本翻译作为涉及两个国家法律交往中的特殊交际行为，具有很强的特殊性。为了保持和维护法律的权威性，法律翻译不仅要保持、维护翻译的法律在语言功能方面上的对等，还要保持、维护法律译文在法律功能方面上的对等。翻译中的法律功能对等就是要使法律原文和法律译语在法律上所起作用和效果相同。因此，在法律语篇文本翻译中，就必须要坚持采取“归化”策略。采用“归化”策略和方法的翻译能够使译文准确表达原文法律的真正意义，保持相同的法律信息量。

法律语篇文本翻译的“归化”策略的采用在很大程度上要考虑读者的接受能力。译者在具体实施“归化”策略时，在法律语篇层面上，一般要采用“归化”策略以使读者能够在自身的文化背景和语言习惯等方面理解、接受原

① 罗琼．翻译教学与研究初探［M］．西安：西安交通大学出版社，2017：73.

文法律意义和信息。在词汇层面，“归化”翻译策略的采用会因为法律文化、传统和制度等方面的因素而产生明显差异。有很多法律术语在采用“归化”策略进行翻译时，并不能很好地使读者完全接受翻译的法律意义和法律信息。即便这样，为了确保读者理解、接收原文法律意义和信息的完整，保证原文法律意义和信息与译语法律的效果对等，法律语篇文本翻译依然需要尽量弱化译语读者对原文法律语篇文本的陌生感，译者要在译文中选用最贴近、最自然的对等词语来再现原文法律的意义和信息。当然，有时、有些法律术语或词汇在翻译时无论采用“归化”策略还是采用“异化”策略，由于不同的法律体系、法律制度和社会文化上的差异，都很难完整地传递法律意义。

例如：在英国法律中，律师有两种类型，一种类型的律师被称为 barrister，另一类律师则被称为 solicitor；而在中国法律中，律师则只有一类。在翻译时，有时将 barrister 翻译为“大律师”，而将 solicitor 翻译成“律师”。这样的翻译就会将这两个词所指分成具有高低差异的“律师”了。还有另一种情况是，有时译者将前者翻译为“出庭律师”或“辩护律师”，把后者翻译为“事务律师”或“诉状律师”，这样也会扰乱读者的理解。因为，中英在法律制度和传统上是不一样的。实际上，英国这两类律师是源于英语民族的二元思维，是英国律师二元制的产物。

像这样在文化、所指及概念方面不对等是法律语篇文本翻译时常见的现象。在法律、政治和文学当中，词和结构总是承载着文化的烙印，而这些烙印是不可能得到完整的反映的。在从原文到译文的翻译过程中，这种文化上的差异不是很好处理。实际上，这是原文语篇文本到译语语篇文本翻译过程中的“空缺（gap）”或“空白（void）”造成的。针对这种情况，无论采用什么策略，都无法达成对等。因此，人们可以采用一种补救措施，即采用释译的策略或方式进行翻译，以解决这些问题。

以上论述说明，法律语篇文本翻译不仅是在语言层面上进行两种语言的转换，而且也是对法律的立法者及法律权威的一种维护活动。如果完全采用“异化”策略，那么，译文必然会携带、保留太多的外国特色，也会打破译语语言规范，这样会影响读者的认识和理解，甚至会影响法律的实际效力。因此，“归化”是保证读者理解和接受译文的有效策略，并保证法律语篇文本翻译中的功能对等和效力对等。

二、拆译与释译

拆译就是将结构长且意义复杂的法律语句合理化地拆分为若干符合译语特点的短句（小句）进行翻译。虽然语句数量多了，但原文语句的意义和信息没有受到影响，还是忠实于原文。法律语言结构的程式化导致了法律语篇文本句式结构的复杂性，加之其所使用的词语专业性强，导致翻译困难，甚至出现翻译错误。因此，在翻译中，译者就要在不影响这样的法律语句的意义和信息准确的前提下，采用拆译的策略，对语句进行翻译。

三、长句翻译象似性

象似性就是指要根据人对事物正常认知的方式和习惯进行语言符号的排列。英语法律文本的一大语言特点就是长句很多。在使用语言时，如果没有特殊的交际目的，人往往都是采用避繁就简的策略和方式进行交流，也就是“省力原则”的话语具体化。虽然大量长句的使用违背了这一语言表达习惯，但是，基于法律的严谨性、权威性、庄严性和概括性，以及法律文化的传承，长句的使用仍是法律语言句式的一个重要特点。从法律信息传递上看，法律条文中所承载的信息是一个完整的整体，长句的使用也是为了将相关信息全部列在某一法律规定当中，避免因若干个分句导致信息关系松散或引起歧义。从逻辑思维上看，长句的使用是思维逻辑的需要，思维是连续的，逻辑是保证思维顺畅的一种机制。在法律条文中，为使法律内涵和要旨连续地传达出去，避免在其中产生不必要的曲折和误差，法律文本中的语言运用就只能采取长句的方式，保持该法律条文在一个连续思维中的逻辑范畴内，从而避免其他因素的干扰。

四、谨慎创造

法律是一种特殊的社会产物，具有特殊的社会作用和自身的特点。法律语篇文本翻译又是一个跨文化、跨社会、跨法系的跨语言的活动，在翻译过程中，势必会面临语言符号的所指差异、词语的内涵外延的不同、两种法律中的不同术语。针对这些此有彼无或此无彼有的情况，就需要使用创造性的策略进行法律翻译。创造性策略已经普遍存在于各种翻译实践当中，从语言符号上看，翻译是两种语言符号的转换；从信息交流上看，翻译则是两种文化间的转换。在两种文化中，虽然存在人类文化的普遍性，但是，差异性是非常大的。无论是物质世界还是精神世界，两种文化间都有此有彼无的现象，如果要弥补这种有或无现象，就需要采用创造性策略进行合理的处理。一般来讲，文学翻译中的创造性策略应用范围比较广，一般要采用意译或交际翻译的策略进行翻译。至于法律语篇文本翻译，针对这种情况的翻译处理会更加棘手。如果处理不好，就会严重影响法律的准确性、同一性、权威性。不忠实原文也就很容易造成司法问题。法律语篇文本的内容是规范性的，法律语言必须最大限度地准确、简明，法律语篇文本的所有内容必须完全表现于法律语言表面和语言结构之上，不能给人留有言外之意、弦外之音，不能给人留有十足的遐想空间，更不能有任何的含混词语和产生歧义等语言现象。由于法律语篇文本翻译涉及了不同文化中的两个法系、法律制度。一个国家的法律概念或术语与另一个国家的法律概念或术语可能内涵差异很大，或者一个国家的法律概念或术语在另一个国家的法律系统中根本就不存在，或者读者无法理解仅仅是在语言学上对等的译文，这就需要使用适度的创造策略，以弥补两种语言、两种法系之间的差别。因此，在法律翻译中还是存在某种程度的创造的。也就是说，法律文本翻译需要一定的创造性发挥。但是，无论怎样，法律翻译中的创造性策略的采用都要严谨、规范，因此，译者要谨慎地采用创造性策略。

根据语言的自身规律和翻译标准，谨慎创造性策略主要根据源语和译语的背景情况，按照译文的造词规则，利用其现有词语，创造新的词汇。

法律翻译的创造性策略主要体现于法律专用术语或专用概念的翻译等方面。不同的法系以及国家间具体法律制度的差异导致法律术语或概念在翻译时没有功能对等（functional equivalent）词语；或者功能对等，但译语却显得生硬，不符合译文的法律用语习惯。为避免这种情况发生，法律语篇文本翻译就要根据法律的内涵或相关的内容创造性地使用新的译文与法律术语。有时，还要通过对谨慎创造性策略创造的新词进行定式化的使用，约定俗成地推广，使之真正体现于译文中。

例如：14 世纪时，享有“国际司法之父”的巴托鲁斯（Bartolus）在解决意大利北部各城邦“法则”的相互冲突的问题上，以 Theory of Statutes 的理论形式系统地阐述了国际司法最基本的理论。① Theory of Statutes 指的就是“成文法理论”或“法规理论”。当今在法学界都把它翻译成“法则区别说”，这一名称就是根据法律相关内容创造性地提出的术语。Free from Particular Average 的原本意义是“单独海损不赔”，With Particular Average 的原本意义是“单独海损赔偿”。在进行汉英翻译时，人们就根据创造性策略将前者译成“平安险”，将后者译为“水渍险”。过去我国将 Proper Law of Contract 翻译成“合同准据法”。但在英国，“合同准据法”是 Applicable Law of Contract，因此，人们根据该法的法理内涵将其翻译成“合同自体法”或“合同特有法”以避免两个法律相互混淆和法理上产生冲突矛盾。

与自然科学不同，法律制度系统有其深刻的特有的政治、经济等社会内涵

① 赵生祥．国际私法［M］．厦门：厦门大学出版社，2008：26.

和文化根源。国家间的法律制度是不同的，即便是同一法系的国家，其法律也是不一样的，当然，国家间对同一法律现象的认识差异还是很大的。例如“抵销”（set-off），各个国家对其理解与法律实践是不同的。英美法系国家一般不允许在诉讼程序外作抵销；德国法律则允许诉讼外的抵销，但要求债务人作表态表示；法国法律认为抵销的条件一旦具备，抵销自动完成，即使当事人没有意识到该请求权在此限度内已告消失。法系的多元化和司法的多样化给法律专用术语或法律专用概念翻译带来了非常大的困难。为了解决这些问题，就要在法律翻译过程中对法律进行研究，要根据法系、法理、法律制度和文化差异等方面的因素，采用创造性策略进行翻译。只有这样，才能使译文更好地再现法律原文内容、符合译文的法律规范和功能。法律翻译的创造性策略的采用不仅根据司法实践，还要严格按照语言规律和习惯。

第七章　基于传播学的新闻英语翻译策略研究

新闻是日常生活中最常见到的一种实用文体，是人们了解当今国际风云、外国文化的重要途径，同时也是人们获取最新科技知识、各种信息的主要手段，其主要功能是最快和最大限度地传递信息。新闻英语翻译是新闻传播的载体，在新闻传播研究中发挥着至关重要的作用。同时，新闻英语翻译活动是一种跨文化传播活动，这种活动不仅受语言形式的束缚，更受文化因素的制约，故在翻译过程中需要采取相应的翻译策略和方法，以达到文化信息的有效交流与传播。尤其是在当今世界高速发展的今天，各国间在政治、经济、文化等领域的交往也日益密切，将新闻英语翻译活动置于传播学背景中进行研究具有十分重要的意义。本章主要从新闻传播学入手，分析了新闻英语翻译的内涵、过程与原则，并对新闻英语翻译的策略进行了系统分析。

第一节　新闻传播学与新闻英语翻译概述

一、新闻传播学

（一）新闻传播学的内涵

什么叫新闻传播学呢？目前学术界尚无权威定义。但是，有两点人们的认识是一致的，即新闻传播学既是一门新闻学和传播学的综合学科，又是由新闻学演化出来的与新闻学相关、相近、相交叉的分支学科。从前者看，新闻传播学是传播学，特别是大众传播学的一个分支，它运用新闻学、传播学、社会学、心理学等相关学科的理论与方法，研究新闻传播现象及其规律。从后者看，随着新闻学与其他学科交融，必将“杂交”出一批新的学科，如新闻传播学、新闻心理学、新闻法学、新闻伦理学等。据此可以认为，新闻传播学属于传播学，特别是大众传播学中的一种，是“研究人类新闻传播现象、新闻传播事业及其发展规律的科学”。①

新闻传播学是在传统的新闻学的基础上，吸收了传播学的研究成果和方法而形成的。虽然如此，新闻传播学并不是新闻学和传播学的简单相加，而是一门独立的科学。

传统意义上的新闻学最初是有关纪事和日报之学，即“报学”。后来，新闻传播事业从报纸等“印刷媒介”扩展到广播电视等“电子媒介”，新闻学的定义也就扩充为关于报纸、广播、电视、电影的学问，即关于新闻传播事业的产生、发展及其规律的科学。具体来说，新闻学以政治学为理论框架，主要研究新闻、新闻传播过程，研究新闻传播事业的产生和发展、新闻传播事业的性质和功能，研究新闻传播事业和各种社会现象之间的关系（如和政治的关系和经济的关系、和受众的关系）。而新闻传播学是以传播学为理论框架，以新闻传播活动为研究对象的学科，它主要研究新闻和信息、新闻传播过程、新闻传播要素、新闻传播效果、新闻传播事业及其与社会的关系。从这个意义上看，新闻学的外延比新闻传播学的外延要广，新闻传播学是新闻学的核心组成部分，属于新闻学与传播学的交叉学科。

新闻传播学与传播学的区别主要表现在以下三个方面。

第一，研究领域不同。新闻传播学属于传播学的一部分，其外延比传播学的外延要窄得多。新闻传播学主要研究人们通过新闻媒介（报纸、广播、电视、互联网）进行的新闻传播活动和新闻传播事业及其发展规律。传播学是研究人类传播行为、活动及其规律的科学，它除研究人类的新闻传播活动之外，还研究人类的一切传播活动，包括人际传播、组织传播和大众传播。即使在大众传播研究中，它也既要研究新闻传播学的所有内容，还要研究所有大众传播媒介及其所刊播的各种信息，例如，图书、杂志、电影、戏曲、书信、集会等所有传播媒介及其内容。

第二，研究重点不同。新闻传播学研究的重点是新闻媒介内部的运作状况，其中包括新闻体制、新闻、新闻媒介的特性和功能、新闻工作的基本原则和基本方法等。传播学研究的重点则是大众传播媒介与社会的互动关系，即社会（包括政治制度、经济体制、文化价值观、社会结构）和社会变迁对于传播媒介的决定作用，以及传播媒介对于社会和社会变迁的反作用等。由此可见，传播学的理论抽象层次要比新闻传播学的理论抽象层次高得多。

---

① 李元授，陈扬明．新闻传播学［M］．北京：新华出版社，2001：24.

第三，研究方法不同。新闻传播学基本上沿用传统人文学科的思辨型定性分析方法去研究新闻传播这种社会现象，并较多采用直观分析的方法，找出新闻工作的某些规律。而传播学的研究方法主要采用实验型的定量分析方法，通过调查分析提炼出某项具体的理论，然后回应原先的理论假设，解答实践中提出的问题。正是由于这些不同，所以传播学还不能完全代替新闻传播学，新闻传播学仍然有存在和发展的广阔天地。

（二）新闻传播学的内容

新闻传播学的内容具体如下。

第一，新闻传播学本体研究，即关于新闻传播学本身理论体系的研究。新闻传播学是一门研究人类新闻传播现象及其发展规律的科学，它有自己特定的研究对象和研究方法。对其基本概念、研究对象与内容、理论体系和方法，以及与相关学科的关系的阐述，是新闻传播学本体理论研究的基本内容。

第二，新闻传播客体研究，即关于新闻传播的内容——新闻的研究。新闻是新闻传播活动的起点，也是新闻传播事业赖以产生的基础，一切新闻传播活动都是围绕新闻展开的，因此新闻是新闻传播学研究的重要内容。

第三，新闻传播要素研究，即关于新闻传播基本构成要素的传播者、传播媒介和受众研究。新闻传播事业是由专业的人即新闻工作者具体操作运行的，因此新闻工作者是新闻传播学研究的重要内容。新闻信息传播必须通过一定的渠道或通道（channel）才能进行，这种渠道或通道在大规模信息传播中叫作媒介（media）或大众传播媒介（mass media）。新闻传播媒介一般包括通讯社、报纸、新闻杂志、广播、电视、互联网。它们是新闻传播过程中传播者和受传者之间的中介，是新闻信息的物质载体。新闻传播事业的生存基础和服务对象是受众，“谁在阅听”“怎样阅听”“阅听什么”“阅听以后怎样”，是新闻传播媒介应该关心的问题。

第四，新闻传播流程研究，即关于新闻从采集、制作、传送、接受到反馈循环往复全过程的研究。新闻传播者将信息编码并传播给受众，受众通过对接收到的信息解码、释码，然后将意见编码反馈给传播者。这是一个双向乃至多向互动循环往复的过程，其中涉及新闻传播符号的编码、解码和释码，新闻传播模式以及新闻选择等问题。对这些问题的分析和研究，是新闻传播学的主要内容之一。

第五，新闻传播效果研究，即关于受众在接受新闻信息之后在感情、思想、态度和行为等方面所发生的变化情况的研究。这是新闻传播活动的出发点和归宿，是整个传播活动的中心。任何一项传播活动如果忽视对传播效果的重视，就会变得无的放矢，新闻传播学如果放弃对传播效果的探讨也会变得毫无意义。在效果研究中，最重要的内容包括劝服艺术和态度改变的研究。前者强调传播者对传播方案的制订和取舍以及对传播艺术的运用，后者侧重对受传者态度改变因素和方式的探讨。

第六，新闻传播事业研究，即关于新闻传播活动内外部环境的研究。新闻传播活动的发展必然导致有专门的人员、依托专门的机构、运用专门的传播技术、以新闻传播为谋生手段的新闻传播事业的产生。因此，一定的社会历史条件下的新闻传播事业的性质、特征、功能、基本原则和运作方法，以及新闻传播事业同社会外部环境如政治制度、经济制度、文化观念、社会结构、相关行业的关系构成了新闻传播学研究的重要的内容。

第七，新闻传播控制研究，即关于新闻自由和新闻控制的研究。新闻传播事业产生后即处于一对天生的矛盾运动之中，这就是新闻自由和新闻控制的矛盾。在一定的社会结构中，新闻传播事业必然要同国家和社会上其他行业、团体、个人发生各种各样的关系。其中，最根本的是法律和道德关系，因此新闻法律、法规和道德就成了新闻传播学研究的重要内容之一。这种研究包括各国宪法所规定的言论自由的范围和尺度、新闻媒介和新闻工作者的权利和义务、新闻报道和国家安全的关系、新闻报道中的批评揭露和保护个人隐私权的关系，以及新闻工作者的道德规范、新闻自律机制等。

（三）研究新闻传播学的方法

1. 个案研究法

个案研究法是一种用来检验某一个受研究的客体所具有的许多方面的特征的方法。[①] 采用这种方法时，研究者通常把感兴趣的领域置于特定的时间内，对客体的各个方面作完整、详尽的研究。个案研究往往通过深入的调查，如现场观察、个别访问、开座谈会等，掌握受研究客体的各个方面的具体情况。

2. 比较研究法

比较研究法是将已有的各种新闻资料和新闻制度等进行比较研究。通过比较，可以知道某一种或某一类新闻事业的特性，某一新闻事业内部各个部分是否均衡发展，由此，可以为自身和其他新闻事业提供学习和借鉴的榜样。[②] 比较方法的运用，可以分为纵向比较、横向比较和综合式比较。纵向比较是一种线形比较，是对事物从时间上和发展过程上所进行的比较：从时间上看，可以

---

① 汪万福．新闻传播学［M］．长春：吉林大学出版社，2018：9.

② 余秀才．典学集——新闻传播学卷［M］．武汉：武汉大学出版社，2017：20.

将过去的和现在的新闻事业进行比较，并且可以窥见将来新闻事业的发展趋势；从事物发展的过程看，可以将某一新闻事业各个发展阶段的情况进行比较。横向比较是一种方形的比较，是对事物从地域上和类别上所进行的比较：从地域上看，有一个国家和另外一个国家、一个地区和另外一个地区的新闻事业之间的比较；从类别上看，可以对不同的新闻事业或相同的新闻事业的相关部分进行比较。综合式比较是一种纵向比较和横向比较相结合的全方位比较，它可以对各种不同的地域和类型的新闻事业，从时间上和发展过程上进行比较，也可以选取特定的时间中的某一新闻事业的某一方面或某新闻事业的所有方面进行比较。

3. 调查研究法

调查研究法，又叫实地调查法，是以对少数的访问调查而获得多数人态度的资料的一种方法。民意调查就是一种典型的调查研究法。调查研究法大致包括以下五个步骤：一是选择课题和制订研究方案；二是抽样设计；三是问卷设计；四是采样设计；五是统计分析。

4. 内容分析法

内容分析法是分析信息内容的一种系统方法，即将以语言方式表达的文献转换为以数量方式表达的资料。美国传播学者贝雷尔森（Bernard Berelson）称之为“对传播内容进行系统、客观的及量化的描述”① 的研究方法。在人类传播过程中，信源（传播者）和信宿（接受者）固然是两个主要因素，但信息（传播物）也显得特别重要，而内容分析法就是研究信息内容的有效手段。②其研究方法大致包括以下四个步骤：一是选择样本，其方法和调查研究法一样，只不过调查研究法的样本是人，而内容分析法的样本是资料；二是内容分类，即在所确定的母本（出版物）中抽出一个样本，对不同的信息内容分别归类；三是内容编码，即将一个个分析单位分别归纳到不同的类别中去，并按类别将样本内容加以编码；四是资料统计，即将编码后的内容以表格的形式量化出不同的分数。

5. 实验设计法

实验设计法又叫控制实验法，是一种处理因果关系问题的典型方法，即通过控制一组变项来客观地、系统地观测所要研究的对象。实验设计法虽然也进行抽样分析，但它不同于调查研究法：调查研究法主要是了解受调查者意见的分布状况，而实验设计法主要是想了解受试者在某种情况下，接受某种刺激后

---

① 蔡铭泽．新闻传播学（第4版）［M］．广州：暨南大学出版社，2014：26.

② 蔡铭泽．新闻传播学［M］．广州：暨南大学出版社，2003：19.

所产生的某种预期的效果。① 实验设计法的运作包括以下三个步骤：一是创造实验条件，即根据一定的目的，人为地设计一个特定的、非自然状态的环境，将实验对象置于其中，以便消除外部因素的影响，达到“人为控制”；二是确定实验对象，即在所要研究的对象母体中随机抽出两组特性相似的项目，即配对组，再选择其中的一项进行特定内容的实验；三是观察实验结果，即根据实验所得数据观察两个配对组之间在实验前、实验中和实验后的变化，找出两者之间的关系，得出结论。

（四）研究新闻传播学的意义

1. 社会全体成员都应学习新闻传播学基本知识

新闻传播事业已经成为现代社会中的一种令人瞩目的、须臾不可分离的、心驰神往的重要事业。它深刻地影响着人们的生活、工作和学习。如何更好地认识新闻传播媒介、利用新闻传播媒介和批评新闻传播媒介，已经成为人们所面临的一个重要问题。因此，所有社会成员都应该学习和了解新闻传播学的基本知识。这主要由以下三个方面决定。

第一，正确地认识新闻传播媒介是每个社会成员必备的基本常识。在当今信息社会，新闻传播已经成为社会全体成员须臾不可或缺的重要工具。报纸、广播、电视、互联网等媒介将每一个人和外部世界紧密地联系在一起，深刻地影响着人们的生活、工作和学习。这就要求每一个社会成员要了解新闻传播媒介的性质和功能，树立正确的新闻信息观念和新闻传播媒介观念。

第二，正确地利用新闻信息是每个社会成员求得生存和发展的必要条件。新闻传播能够给人们提供所需要的各种信息，这些信息帮助人们了解外部世界，适应和改造外部世界，更好地求得生存和发展。这些信息能够清除人们由于紧张劳动而产生的疲劳，娱乐人们的身心，陶冶人们的情操。如果不接触新闻传播媒介或不能正确利用新闻传播媒介，人们的生存和发展就会受到严重的影响。

第三，批评新闻传播媒介和监督新闻传播媒介是每个社会成员应有的职责。新闻传播者（含新闻传播媒介）和受众（包括读者、听众和观众）是新闻传播过程中的两个行为主体，新闻传播媒介代表受众对政府实行监督，同时也应该自觉地接受受众的监督，这样才能形成一个良好的舆论环境。从根本上说，新闻传播者和新闻媒介是为受众服务的。但是，在实际工作中，有些新闻传播媒介往往出于政治和经济方面的压力，或出于一己私利而歪曲事实、误导舆论。这些信息垃圾严重毒化社会风气，对于心智发育未全的青少年危害尤甚。

---

① 李广增．新闻传播学［M］．保定：河北大学出版社，1997：6.

因此，应该在全社会特别是在中小学开设有关新闻传播媒介教育的课程，以帮助人们正确地认识新闻传播媒介，合理地利用新闻传播媒介，自觉地抵制来自各类新闻传播媒介的信息垃圾。

2. 研究新闻传播学有利于做好新闻工作

对于新闻传播者来说，学习和掌握新闻传播学具有重要的意义。概括地说，通过学习和研究新闻传播学，可以帮助他们更好地总结和了解新闻传播事业发展的基本规律，指导新闻工作实践。

由于历史的原因，有些新闻工作者没有接受过正规的新闻教育，于是，他们片面地认为，新闻工作者即使不学习或少学习新闻传播理论也可以做新闻工作。这种认识是片面的，也是不正确的。同其他任何事物一样，新闻传播事业也有自己的发展规律，例如，真实性原则、党性原则、科学技术水平决定新闻传播事业的面貌等等。就其根本而言，新闻传播事业发展的根本规律主要有两条：一条是新闻传播事业的产生和发展及其状况是由社会生产力的发展水平决定的；另一条是新闻传播事业必须不断地满足受众的需求。

第一，社会生产力的不断发展是推动新闻传播事业不断进步的根本动因。新闻传播活动是人类最基本的活动之一，自从有了人类，就有了新闻传播活动。从根本上说，新闻传播活动和新闻传播事业之所以能够产生，是由于它能满足人类生存和发展的需要。但是，由于社会生产力的低下，在很长时间内，人类的新闻传播活动一直停留在比较低的层次上，没有出现正规的新闻传播事业。新闻传播事业是社会生产力发展到一定阶段的产物，是资本主义商品经济充分发展的结果。从这个意义上说，有什么样的社会生产力就有什么样的新闻传播事业，社会生产力水平的高低决定新闻传播事业的面貌。当今一些发达国家（如美国、日本）的社会生产力水平比较高，相应地，他们的新闻传播事业的发展水平也比较高。我国是一个发展中国家，虽然改革开放以来社会生产力有了很大提高，但仍然处于社会主义初级阶段。一方面，改革开放以来，我国社会生产力有了全面的发展，新闻传播事业有了飞速的进步；另一方面，和西方发达国家相比，我国的社会生产力还不高，地域之间的发展还不平衡，人民的生活还不富裕，新闻传播事业的状况也还不令人满意。因此，新闻传播事业仍然需要进一步改革，不改革只能毫无作为，但是这种改革又不能盲目照抄照搬西方国家的模式，应该从我国的基本国情出发。

第二，受众需求的变化是新闻传播事业形式和内容不断改进的根本动因。在新闻传播活动中，人民群众是新闻事实的创造者、新闻传播的接受者和新闻传播事业服务的对象。社会生产力的发展，主要表现为人民群众生活水平的改善和人民群众素质的全面提高。人民群众是社会生产力中最活跃的因素，人民群众的需求是随着社会的不断进步而不断变化和发展的。人民群众不断增长的对于物质和文化生活的需要，是推动社会生产力不断发展的根本动力，也是新闻传播事业产生和发展的根本动力。

二、新闻英语翻译

（一）新闻英语的内涵

新闻英语（Journalistic English）即新闻文体，是现代英语中常见的实用文体之一，同时也是规范英语语言的标准之一，适用于报刊、广播、电视、网络等新闻传播媒介的新闻报道。新闻英语作为一种应用性语言，因其所具有的特殊性，逐渐脱离于普通英语，成为一种具有鲜明语言形式和文体特点的语言资料。[①] 如今，无论英语专业或非英语专业的学生都经历过听英语新闻和读英语报刊的技能训练，但这并不意味着就掌握了现代英语。要真正掌握并灵活运用现代英语，还需要过新闻英语翻译这一关。学习新闻英语的翻译不仅可以巩固并增加词汇量，尝试、验证和提高自身的英语阅读与翻译水平，还能接触最鲜活、最纯正的英语。可以说，新闻英语是将来从事翻译或喜欢翻译的学生绝佳的练笔材料。

（二）新闻英语翻译的特点

1. 语篇特征明显

新闻翻译语篇特征明显。新闻英语语篇内容无所不包，文体独一无二。从广义上讲，新闻英语涉及政治、经济、战争、国际关系、社会、科技、艺术、体育、法律、环境、灾难等方方面面。它强调的是内容的“纪实性”（factualness），即文章包含了多少“事实”（act）或“信息”（information）。因此，新闻语篇按照时效性和严肃性可分为三个层次：第一个层次是硬新闻，其新闻纪实性最强，讲究客观事实的报道；第二个层次是软新闻，纪实性最弱，娱乐性最强；第三个层次是特写，即介于硬新闻和软新闻之间，纪实性和娱乐性兼而有之。

新闻英语（尤其是英语报刊）的特点是题材新颖，时效性强，通过各种构词法产生的新词多。从语法特征看，一是广泛使用直接引语和间接引语，以增添新闻的真实性和生动性；二是倾向于使用复合定语、状语、同位语、插入语等附加成分，为读者提供更多的背景知识；三是以提供事实或消息为目的，

---

① 姜懿．新闻英语翻译研究［M］．长春：吉林文史出版社，2016：23.

避免使用带有个人感情或倾向性的语言。从结构上看，一篇新闻报道一般由标题、导语和正文构成。正是新闻语篇的这些特点，决定了新闻翻译在遵循准确和严谨的前提下，还必须突出新闻的语篇特点。

2. 时效性突出

新闻翻译时效性突出。时效性是最突出的新闻价值之一，它决定了新闻翻译的译者必须与时间赛跑。所以，讲求时效性是新闻翻译有别于其他类型翻译（如文学翻译）的一大特点。同时，新闻报道也是高强度的工作，新闻翻译者常常在夜间工作，并且必须在规定的时间完成译稿。对于翻译上的问题，容不得过多的时间去反复思考再做处理，必须“现炒现卖”。从这个意义上说，新闻翻译员必须比其他专业的翻译工作者具备更强的理解原文能力和更快的处理速度，否则，翻译起来就很容易出错。

3. 知识面广博

新闻翻译工作者须有广博的知识面。新闻英语集现代英语之大成，涉及面广，新闻报道中政治、经济、外交、军事、文化、科技、宗教等方面的内容无所不包。新闻重新意，所谓时效性即包含“时间近、内容新”，只有新事物、新动态才值得报道，否则就不叫“新闻”了。在网络时代，新事物层出不穷，新闻刊物不仅是报道新闻的媒介，而且是“使用新词的庞大机器和杜撰新词的巨大工厂”①。新闻记者为了报道这些新事物、新动态，不断引进各领域的新词，有时甚至主动创造新词。

第二节　新闻英语翻译的过程与原则

一、新闻英语翻译的过程

（一）翻译的理解

1. 理解的重要性

翻译不同于阅读，阅读时一个读者由于自己水平所限，理解或深或浅，甚至一知半解，或理解错误，这都无关紧要，因为这只是个人问题，不会对别人产生什么影响。翻译则完全不同，译者是代表原作者把原作重新表达出来，因

① 韩书庚．新闻标题语言研究［M］．北京：知识产权出版社，2014：159.

而译者应该对原作理解得最深刻、最透彻，只有这样，才能把体现在原文中的原始思想完整无误地表达出来。译者对原文的理解稍有差错，译文就不可能准确无误，甚至会差之毫厘失之千里。因此，理解非常重要，如果对原文不理解，或理解得不对，一切就无从谈起。

2. 理解要准确透彻

要想准确和透彻地理解原文，就不能停留在表层意义上，要透过表层，进入深层，也就是通过现象抓住本质。众所周知，人如果要想用语言表达一种思想，就必须要使用一些与之相关的词语，采用一些表现手法。无论是相关词语的使用还是表现手法的运用，其目的都是为了表达人的某种思想。因此，译者在翻译的过程中，应该善于捕捉能够体现原文作者思想的关键词语，明确原文作者的表现手法，并通过对这些词语和表现手法的理解来准确透彻地理解原文作者的思想和情感。因此，译者还必须注重理解的准确性和透彻性。

3. 理解要联系上下文

译者在翻译过程中，应该避免逐词逐句进行翻译。因为同一个单词、同一个短语在不同的上下文语境中有着不同的含义。如果译者在翻译过程中，不联系上下文，只是对某一单词、短语的表面意义进行翻译，那么就很难将原文作者的思想和情感真正地表达出来。因此，译者在翻译实践中，应该意识到理解原文的重要性，并结合上下文来理解原文作者的思想和情感。只有这样，才能将原文作者的思想和情感最大限度地呈现出来。

4. 理解要靠广博知识

理解原文就是要懂，而且要懂得深、懂得透，不能满足于明白每一句话、每一个词的含义，而要懂得这段话表达的真正意思。因此，译者必须具有广博的知识。也就是说，译者在翻译实践中，必须对原文作者所使用的题材、所谈到的问题、所涉及的内容有正确的了解和认识，这就要求译者必须博览群书，具有十分广博的知识。具体而言，如果翻译经济方面的材料，译者就应该具备一定经济学方面的知识；如果对新闻方面的题材进行翻译，译者就应该对国内外时事了如指掌；如果对某个专业的文章或资料进行翻译，译者就应该了解和熟悉这个专业的相关知识；等等。因此，译者必须对原文所要讨论的题材、内容、文化等有一定的了解，只有这样才能准确理解原文，也才能翻译出符合原文思想和情感的译文。而这些都需要译者具有广博的知识。

具体到新闻英语翻译中，译者也要从理解入手，即译者在对原新闻的理解阶段，应该首先对原文的语义、句法、逻辑关系进行分析，同时要做到能够准确地把握一个词在句子以及上下文中的词义，在此基础上，准确地把握整个句子的意思，从而正确地、恰当地进行语言的转换和表达。

另外，由于新闻英语讲求时效性，通常一个新闻英语句子中会包含很多的信息。而原文作者为了将这些信息蕴含到一个句子中，通常会采用扩充句子成分，增加前置、后置定语和从句等的方法来增加信息。这也是新闻英语中常见的句型——长句。长句的存在与英语重形合（hypotaxis）的特点有着直接的关系。而译者在翻译新闻英语的这些长句时，如果按照英语句子的字面顺序顺译下来，就很容易出现语意混乱不通的现象，所以译者必须将句子的结构和顺序打乱重组，拆分成一个个简单的短句，以符合汉语重意合（parataxis）的表达习惯。而对长句进行打乱、重组的过程，必须建立在译者理解英语长句表达的思想、情感的基础上。可见，翻译的理解阶段在新闻英语翻译过程中也发挥着不可替代的作用。

（二）翻译的表达

所谓表达，其实就是通过译文的形式准确无误地再现原文的内容。这就要求译者在忠实于原文内容的前提下灵活运用各种翻译技巧和知识，写出语言规范、语句通顺的译文。翻译的质量最终取决于译文的表达水平。不少译者以为译语是自己的母语，使用起来不会有什么问题，因而往往忽视翻译中表达的重要性。其实，英语和汉语在结构和表达习惯上有很大的差异，汉语水平不高或者粗心大意都可能会导致表达上的错误。

翻译的表达过程可分为三个步骤。

（1）一稿初译，忠实为主。初译时要尽量既忠实于原文的内容又忠实于原文的形式，也就是要直译。

（2）二稿核对，注重逻辑。把初译稿与原文对照进行核对修改，注意检查译文结构的逻辑关系和条理性，根据汉语表达的需要对译文作必要的结构调整。

（3）三稿定局，润色文字。重读译文，对语言文字进行润色，修改其中一些欧化了的语句（即带有英语味的汉语句子），从而使译文符合规范的汉语表达习惯。

当然，理解与表达两个过程不是截然分开的，实际操作中往往要交互穿插进行。理解的过程中已经在酝酿如何表达，而在表达的过程中又要不断地修正对原文的理解。译文的表达应遵循下述原则：忠实于原文、逻辑清晰、语言规范和注重谋篇。新闻英语翻译也应该遵循这些原则，具体分析如下。

第一，在新闻英语翻译中，译文表达必须最大限度地忠实于原文的内容，对原文的任何曲解或偏离都会造成误译，从而使译文质量受到损害。若想真正做到忠实于原文，不仅要从宏观上把握好其主题思想、时代背景、领域范围以及行文风格，还要从微观上处理好词语意义和语法结构关系。

第二，新闻英语原文中隐含的一些逻辑关系，译者在译文表达中必须清楚地转达出来。否则，译文不是牵强附会，就是与原文貌合神离。

第三，英语重形合，句法比较刻板，主、从句之间要使用连接词。而汉语重意合，主、从句靠意义贯穿，不用或少用连接词。如果译者在新闻英语翻译表达时过于拘谨，不敢摆脱英语原文结构的束缚，译出的句子就有可能会“洋腔洋调”，不是通顺规范的汉语表达。因此，译者应该根据汉语的表达习惯对译文做必要调整，从而使之通顺地道。

第四，进行新闻英语语篇翻译时要注意，译文中的句子不是原文句子的机械对应，而是构成译文语篇的有机成分。译者要有全局意识，使译文语篇成为一个有机整体，而不是彼此之间缺乏照应的单句堆砌。

除此之外，在新闻英语的翻译中也会遇到典型障碍——不同内容的新闻报道中会包含大量本行业的术语和专有名词，这些对于对该领域不熟悉的译者而言，需要查阅很多资料才能得出准确的翻译表达；对于新闻英语中一些生僻的人名、地名或机构名称，以及随时势、事件应运而生的新词和仿造词，译者需要对其进行准确的表达，从而使信息有效传递。例如，有关美国总统竞选新闻中出现的词汇“electoral votes”和“popular vote”译为“选举人票”和“普选/直接投票”，因为中美两国政体不同，这样的词汇在汉语中无直接对等词项，需要进行查证，选择最权威的翻译，不可随便翻译。再如，在一篇关于对伊朗展开制裁的新闻中，奥巴马说道“When I say that all options are on the table，all options are on the table...”这里的“on the table”是一种比喻意义的表达，指“公开地，开诚布公的”，因此在翻译时需将其在句子中真正的含义而非字面意思表达出来。

（三）翻译的审校

1. 翻译中的检验

（1）检验译文的传意性

有些译者在双语环境下长大，具有先天优势，另外一些译者通过自己长期艰苦的努力，第二外语的水平可以达到接近母语的程度，但是更多的译者还处在提高的过程当中，有时候难免发生理解上的偏差。在检验时，应将译文和原文进行比较，看两者在各个层面的意义上有没有出入。许多理解上的偏差是可以被译者自己发现的，因为理解错误的结果往往是译文缺乏合理的逻辑性，难以自圆其说。出现这种情况时，译者应该反复地琢磨原文，看问题到底出在哪里。

（2）检验译文的可接受性

在这里要强调译者的职业道德问题，译者担负着构建文化桥梁的任务，面对的是广大的译语读者，工作性质是十分严肃的。译者对自己的身份和责任要有一个清楚的认识，并且要有一个严谨的工作态度，保证译文的质量。从词句的层面来看，译者要检验遣词用句是否适当，进一步地字斟句酌，争取最好的表达效果；从篇章的层面来看，译者要检验语篇的衔接和连贯性，以及逻辑关系的表达是否清晰等。

2. 仔细审校

审校阶段是翻译过程中的最后一道工序，是理解与表达的进一步深化，是对原文内容进一步核实以及对译文语言进一步推敲的阶段。尽管译者在翻译过程中都是十分细心的，但也难免会有错漏或字句欠妥的地方。

审校是翻译过程中必不可少的一个环节，译者必须认真对待这一环节。审校不是把译文粗略地看一遍，改掉几个显而易见的错误，而是对译文进行仔细校对和修改润色的过程。校对主要有两个目的：一是补漏，即看看译文中有无遗漏之处；二是纠错，即看看译文中有无明显的错误。

修改润色的目的是去掉初稿中的斧凿痕迹，即原文对目的语的影响或干扰，使译文自然流畅，更符合目的语的习惯。润色的最好做法是，先抛开原文，以地道目的语的标准去检查衡量译文并进行修改和润色，改完以后再与原文核对一下，以避免“自由发挥”之嫌。

审校阶段要特别注意审校译文中的人名、地名、日期、方位、数字等方面有无错漏；审校译文中的段、句或重要的词有无错漏；修改译文中译错或不妥的句子、词组和词；力求译文没有冷僻罕见的词汇或陈腔滥调，力求译文段落、标点符号正确无误。审校时通常审校两遍；第一遍着重审校内容，第二遍着重润色文字。

由于译者本人往往受自身思维模式的束缚，很难发现自己的错误，所以，在条件许可的情况下，最好请他人帮着审校，以便更好地发现和纠正错误。正因为如此，许多国际组织的翻译部门和商业性的翻译社都有不同的部门，对所有的译文层层把关。

具体到新闻英语的翻译中，其审校也是不可缺少的过程。再次阅读全文，检查在词汇和造句上是否有语病和错误表达，对专有名词、数据等的翻译是否准确，对比喻、典故的解读和再现是否出现偏差或曲解，以及在整体上信息的传达和主要观点是否和原文一致，文体风格是否接近原文等。只有这样，才能发现和改正译文中的错误和不足，从而翻译出高质量的译文。

综上所述，在新闻英语翻译过程中，理解是翻译的基础，表达是翻译的关键，而审校是翻译的保障。这三个过程并不是孤立存在的，而是相互作用、相互影响的。因此，译者在具体的翻译实践中，也要按照理解—表达—审校的过程进行翻译，从而获得最佳的译文。

二、新闻英语翻译的原则

（一）真实、准确

新闻英语翻译首先要真实、准确，忠实于原文所提供的信息，不能任意增删。新闻报道所遵循的原则包括客观、准确和可信。违背这个原则，报纸的公信力必然受到影响。新闻写作的语言要求，有关新闻事件的时间、地点、人物，乃至数量的描述，决不能凭空想象，更不应大肆渲染、哗众取宠。这个原则也适用于新闻英语翻译的语言。同时，中文读者在英语报刊新闻中不可避免地会遇到难以接受的松散文句甚至“拙词”，此时，明智的做法是舍其“形”而取其“义”，即语言内容或含义重于语言形式，不必拘泥于形式。

（二）简洁、易懂

新闻英语翻译的另一个原则是简洁、易懂。新闻的翻译应着重于在信息准确无误的基础上符合英语新闻文体的要求，并能有广泛的可读性。新闻的目的是传播讯息，传播必须考虑效果，所谓传播效果，即“信息达到目的后引起的各种反应”，是“检验传播活动成败得失的重要尺度”。[①] 遵循这条原则，意味着新闻英语翻译稿的文字内容与形式都必须做到简明易懂，行文流畅。准确、简洁、清晰的新闻英语翻译可以增强传播效果和速度，减少或避免造成阅读或收听的障碍，扩大报纸或电台等媒体的影响，从而吸引和赢得更多的受众，特别是在“受众是上帝”、竞争激烈的西方新闻市场中。[②] 为了达到这样的效果，翻译时应使用接近口语的文体，避免生僻的词汇。此外，要特别注意避免采用复杂的结构和冗长的句子。

（三）编译为主，全译为辅

新闻英语翻译的第三个原则是编译为主，全译为辅。“编译，简言之，指编辑和翻译，是夹杂着编辑的翻译活动，是先编后译的过程，是根据翻译对象

---

① 郭影平．新闻英语阅读与翻译［M］．上海：上海交通大学出版社，2017：43.

② 许明武．新闻英语与翻译［M］．北京：中国对外翻译出版公司，2003：39.

的特殊要求对一篇或者几篇原作加工整理后再进行翻译的过程。”① 目前，翻译与编译都是新闻英语翻译中较为盛行的方法，原因如下：第一，为追求传播效果和速度，新闻译者必须在确保文字通俗易懂的同时，也要力求译文通达。第二，每天世界各地发生的新闻事件层出不穷，一家报纸收到新闻通讯稿的数量可能远远超过版面的容量。以“受众是上帝，市场竞争和经济收益永远第一”为金科玉律的商业逻辑，使得新闻英语翻译的选材和翻译方法也必须照顾到读者的兴趣、阅读能力、阅读习惯等，以此争取最大数量的读者，这时译者或编辑就要对通讯稿进行筛选和取舍。在这个过程中，读者的兴趣和需要，以及报纸本身的立场，就成了选稿的决定因素。

在翻译国外新闻时，译者应根据国内读者的兴趣对原文进行加工整理，要在有限的篇幅内把原文的精华部分呈现给读者。与源语新闻相比，经编译而成的新闻保留了源语新闻的中心内容和主要思想，但内容更集中，更精练，可读性更强，更适合于在译语国家或地区进行二次传播。

第三节　新闻英语翻译的策略分析

一、熟知全称缩写，强化标题功能

在当今信息爆炸的时代，电台、电视、电影、网络和报刊无处不给人带来信息冲击。报刊没有被淘汰出局靠的固然是新闻报道的速度、客观真实的内容和对读者负责的态度，但新闻标题的重要性亦不可小觑。

一篇新闻报道一般由标题（headline）、导语（lead）和正文（body）组成。一条好的新闻标题更是新闻不可或缺的一部分。在生活节奏不断加快的时代，人们只看标题不看全文的现象很普遍。一条好标题本身就是一则新闻，它会吸引读者了解更详细的内容。人们常说“看报先看题，读书先读名”，从中道出了标题的重要性。

此外，人们读报就是为了获取信息，而标题是文章的缩影，必须以高度浓缩的语言提示文章最主要或最值得注意的内容，为读者起着“向导”作用。所以说，标题的信息功能是一个十分重要的功能。例如：

---

① 陈明摈，卢彩红．新闻英语语体与翻译研究［M］．北京：国防工业出版社，2006：63.

CIA wary on Iranian N-arms

中情局谨慎对待伊朗核武器问题

做好英文标题翻译的前提是正确理解英文标题，而要做到这一点，首先要熟悉英文标题在词法方面的特点，这样才能在翻译之前扫除障碍。

为了节省空间，英文标题大量使用缩略词（initials）和简缩词。缩略词又称首字母缩略词，即将几个词的首字母加在一起合成一词，全部用大写字母拼成组合词，从而代替一组冗长复杂的词或词组。简缩词，即使用“截头去尾”的方法将一些常用的名词、形容词等截短或缩短（clipping and shortening），这样既可节省版面标题词数，又能更好地提示新闻内容；既简洁易记，还可使版面编排减少沉闷之感。译成中文时应注意保持这种简略的风格。① 例如：

Govt move encourages public fund mortgages

政府行动鼓励公众资金抵押

英语新闻标题中经常出现的缩略词主要有三类：第一类是表示组织机构等专有名称的缩略词，如 NATO（北约）；第二类是常见事物的名称缩略词，如 AIDS（艾滋病）；第三类是表示人们的职业、职务或职称的名词缩略词，如 MP（议员）。

不论是缩略词还是简缩词，翻译的关键就是弄清它们的全称。只要能掌握其全称，翻译起来一般就不会有太大的困难。

二、分清时态语态，避免一知半解

从语法角度看，英语新闻有一套独特的语法体系，新闻英语学者称之为标题语言。

第一，虚词常省略。标题中虚词的省略为重要特点之一，通常省略的词有冠词、联系动词和助动词，以节省篇幅，使标题言简意赅，简洁明了。例如：

World's First Mechanical Heart Implanted

世界首例人工心脏移植成功

解析：该标题完整的句式为“The World's First Mechanical Heart Is Implanted”，其中定冠词和构成被动语态的 be 省略。

了解英语新闻标题省略的特点，有助于正确理解英文标题。

第二，独有的时态和语态。独有的时态也是新闻标题语法又一大特色。简而言之，新闻英语标题中的动词时态大为简化。具体分析如下。

---

① 朱伊革．英语新闻的语言特点与翻译［M］．上海：上海交通大学出版社，2008：75.

(1) 一般现在时通常用来表示过去发生的事

英文标题常用现在时代替过去时，以体现消息的新鲜感、现实感与直接感，这是英文标题在语法上的又一特点。例如：

Democrats Accuse the White House of Mass Deception

民主党人指责白宫进行“大规模欺骗”

解析：普通英语中应用“accused”，而新闻标题中用现在时。

(2) 将来时直接用动词不定式表达，联系动词省略

新闻英语标题中动词将来时的表达形式除一般将来时“will+动词原形”外，更多地采用“系动词 be+动词不定式”结构。因为新闻报道讲述未来的事情，大都是按计划、安排或规定将要进行的。不过，其中联系动词 be 通常省略，以节省标题字数。翻译时，只需在主语后面加上“将”“拟”之类的词即可。例如：

Japan to Help Elderly Jobless

日本将帮助失业老人

解析：该句完整的将来时态为“Japan Is to Help the Elderly Jobless”。

(3) 现在分词直接表示正在进行的动作或事件

对于正在发生的事态或动作，新闻英语的标题也按日常的英语语法规则处理，采用现在进行时“be+现在分词”这一形式，但其中的 be 又通常省略。例如：

Deposits, Loans Rising in Shanghai

上海储蓄与贷款额升高

解析：该例中的“rising”为进行时，即“Deposits and Loans Are Rising”。

(4) 偶尔用一般过去时

当然，英文标题中动词的过去时也不是一概不用。对于历史事实，或者是过去某个时间发生的事情，或需要强调过去的事情或状态，或寄托一种特别的感情时，标题中的动词就不用现在式而使用一般过去式。

Oil Price Soared 20% in October

10 月份石油价格上涨 20%

解析：“soared”为动词的过去式。

(5) 直接用过去分词表示被动语态。

新闻英语标题中，被动语态结构“be+过去分词”形式中的 be 通常省略，也经常不用 by 引出施动者。翻译时可参照含有被动式句子翻译的方法。例如：

Government Web Sites Invaded

政府网站遭（黑客）入侵

解析："invaded"为动词的过去分词，完整的句子为"Government Web Sites Are Invaded"。

了解到这一特点后，要理解英文标题并不困难。但有些标题可能比较容易使人产生误解，翻译时容易将该动词过去分词看成其过去式，这点需倍加小心。例如：

Clinton Urged to Help Poor Pay Heating Bills

议员敦促克林顿政府助穷人御寒

解析：如果不对本例做语法分析，"urged"容易看成过去式，从而译成"克林顿敦促协助穷人支付冬日取暖费用"。有必要做简单的语法和句法分析，即 urge 是及物动词，用法是"urge+宾语+宾补（to do）"。显然，这里的 urged 是过去分词，与省略了的助动词 was 构成被动语态。

从上例可以看出，如果不熟悉英文标题的语法特点，就很难正确判断动词的形式，就会出现理解和翻译上的错误。不过，译语标题看上去比英文标题要松散和冗长，有违标题言简意赅的原则，这时，译者可以完全抛开英文标题，根据新闻内容重新拟定标题。例如上文提到的"Clinton Urged to Help Poor Pay Heating Bills"，直译后的中文标题不够理想，译者可以将它做些适当的增删和转换，改为"美议员促政府助穷人御寒"，或"议员促克林顿政府助穷人御寒"，这样处理后的中文标题简练多了。

三、文字工整对仗，彰显中文优势

通常认为，简洁流畅、用最洗练的文字提示或浓缩新闻中最值得注意的内容，是中英文新闻标题的共通点。① 因此，为求得标题的准确、鲜明和生动，在翻译英语新闻标题时，创造性地运用汉语的四字格、典故或成语等修辞手段，可使标题富有文采和创意，给读者以美的享受，体现中文的美感和优势。例如：

Crying over Unsold Milk

牛奶售不出，抱怨也无用

解析：本例巧妙运用了英语谚语"It's no use crying over the spilt milk."（做无益的后悔。）。汉译则用 5+5 的句式，朗朗上口。

四、充实导读之语，突出新闻要素

导语，顾名思义，是新闻中的"导读之语"，也是新闻有别于其他文体的

---

① 朱伊革．英语新闻的语言特点与翻译［M］．上海：上海交通大学出版社，2008：74.

一个显著特征。导语通常是新闻报道开头的第一段文字，也是最重要的部分，是标题的展开形式。导语通常由最新鲜、最重要、最吸引人的事实构成，是新闻报道的精华所在。[①] 其作用在于用精练、简洁的文字反映消息的要点或轮廓，从而引出主题以及阐述这个主题的主体，以此唤起读者的兴趣，并吸引住读者。按照新闻报道的要求，导语应尽可能回答 5 个 W 和 1 个 H，即 who（什么人、组织、机构等），what（什么事），when（什么时间），where（什么地点），why（为什么），以及 how（怎样）。由于受到后来新兴媒体的冲击，新闻报道的这条金科玉律不得不有所改变。因此，新闻导语现在一般未必会将所有的新闻要素“一盘子端出来”，而是突出其中一两个要素，其他的放在随后的段落或结尾去交代。例如：

Iraq Arms Inspector Named

Hans Blix, the former director general of the International Atomic Energy Agency in Vienna, yesterday was the unanimous choice of the UN Security Council to head the new arms inspection commission for Iraq, ending weeks of wrangling.

伊拉克核查又换新人

曾担任总部设在维也纳的国际原子能机构主任的汉斯·布里克斯，昨天经联合国安理会一致通过被任命为新的伊拉克核查委员会负责人，从而结束了几周来围绕此事出现的纠葛。

解析：在这个导语中，记者回答了“who”“what”“when” 3 个问题，显然未把“where”和“why”这两个要素当成重点放在导语中。即：

WHO：Hans Blix, the former director general of the International Atomic Energy Agency in Vienna

WHAT：was the unanimous choice of the UN Security Council to head the new arms inspection commission for Iraq

WHEN：yesterday

若将这个导语主体抽出来，可以简化为“Hans Blix was chosen to head the new UN arms inspection commission for Iraq.”。由此可见，在回答了这个主要问题的同时，导语也对这个主体结构的一些关键词进行了补充说明，交代了谁是布里克斯——曾任国际原子能机构主任的布里克斯；什么时间被选为负责人的——昨天，以及结果如何——从而结束了几周来围绕此事出现的纠葛。

英文新闻导语通常可以分为两种：直接式（direct）和延缓式（delayed）。直接式导语要求记者在导语中把最重要的新闻主题以最简洁的方法告诉读者，

① 姜懿．新闻英语翻译研究［M］．长春：吉林文史出版社，2016：81.

先后交代新闻的五要素或六要素。这种导语多用于时效性强的突发新闻等硬新闻。延缓式导语则不直接告诉读者新闻要素，而是通过对一件趣事的描写，引出消息的真实主题，从而加深读者的印象。为突出导语的可读性和趣味性，它要求记者调动自己驾驭文字的技术，使导语吸引读者。这种导语多用于时效性不强、轻松活泼的新闻。

考虑到中文导语的特点及其可读性，在翻译英文导语时，应注意以下几点：

(1) 译出的导语，应能“片语居要”；

(2) 主要新闻要素应齐全，至少应将何人、何时、何事交代清楚；

(3) 新闻来源一般也应编在导语之中；

(4) 译文应言简意赅，通俗易懂，符合中文新闻导读的表达习惯。

总而言之，导语的特点就是语言简明，内容充实，能吸引读者。熟悉导语的功能和特点，有助于人们在翻译英语新闻之前更好地理解记者、编辑的写作意图，知晓他们在某个导语中试图向读者传递什么信息，或用什么方法传递这些信息，从而将导语译得更为妥帖。

五、拆分调序并举，增添意合魅力

英文新闻导语的特点通常将几大要素纳入一句话中，并且独立成段。中文新闻导语通常需要两三句才能说清楚。因此，依据中文导语的写作习惯，必须将原英文导语拆译，发挥汉语重意合的特点，变成短句或小句，以使中文导语流畅通顺，切合中文导语的风格，否则中文导语势必生硬难读。例如：

Three American teens were convicted Friday of two counts of murder and three counts of attempted murder for dropping rocks onto passing cars from a highway overpass, killing two women and injuring four.

3 名美国少年由于在公路天桥上向下面驶过的汽车投掷石头，于周五被判 2 项谋杀及 3 项谋杀未遂罪名成立。事件酿成 2 名妇女死亡，4 人受伤。

解析：这句英文导语很长，中文根本无法用一句话将其中的意思完全地翻译出来，必须分拆开来叙述。英文导语只用了一句，而中文则要用两句来翻译。因此，要使译文流畅，意思表达清晰准确，使读者一目了然，拆译是比较常用和理想的方法。

六、句子主干优先，次要成分随后

句子的主干即主句。英语新闻中的正文部分（包括导语）为了追求信息最大化，通常一个长句就成一个段落，长句中往往被插入一个词组或一个从句。有时甚至还会是很长的一个从句，可以说这种长句是英语典型的行文结构之一。

Andrea Pininfarina, the chief executive of the Italian car design firm founded by his grandfather that counts Ferraris and Alfa Romeos among its creations, died Thursday in a road accident near the northern italian city of Turin.

译文一：意大利轿车设计公司总裁安德鲁·皮宁法瑞纳昨天在意大利北部城市都灵的一次交通事故中不幸身亡。意大利轿车设计公司是由其祖父创建的，法拉利和阿尔法·罗密欧等名牌轿车都是该公司设计的产品。

译文二：安德鲁·皮宁法瑞纳，意大利轿车设计公司总裁，该公司由其祖父创建，法拉利和阿尔法·罗密欧等名牌轿车都是该公司设计的产品，昨天在意大利北部城市都灵的一次交通事故中不幸身亡。

解析：该新闻导语为长句，属典型的行文结构，即一个句子中间插入一个词组或一个乃至多个从句。翻译时，先判别整句的躯干所在，然后再对次要成分即插入成分加以适当处理，使所译句子主次脉络清晰。再按照中文新闻导语的原则，突出何人、何时、何事，使译文言简意赅。对照一下顺势而译的导语，第一种译文的优势非常明显。译文二虽然句子达意，但中间部分占的文字较长，使主句的前半部分和后半部分断成了“天各一方”的局面，从而使全句主要信息的传递受到阻碍。这样的译文不仅读起来不舒服，倘若念给别人听，也肯定会使听者莫名其妙。需要注意的是，英文新闻导语亦不宜以人名起句，除非是国家总统、总理之类的重要人物或名人。如果必须用某一事件当事人的名字作主词，可以在人名前冠以此人的职衔（若较长则置于其后），或其他能吸引读者的修饰语，如译文一。

第八章　英语翻译人才培养策略研究

随着全球一体化进程的加快，我国对外交流越来越频繁，对于英语翻译人才的需求也越来越多。高校作为翻译人才培养的重要平台，理应承担起相应的责任，不断为社会输送高质量的英语翻译人才。本章即从我国英语翻译专业建设存在的问题入手，进一步探讨英语翻译专业的定位与任务，并对英语翻译人才培养的具体实施策略做出分析。

第一节　我国英语翻译专业建设中存在的问题

一、教材方面

翻译教材在整个翻译教学中至关重要。作为教学信息的主要载体，它一方面是体现翻译理论、实施教学计划的主要手段，另一方面也是教师组织教学的主要依据和学生学习的主要内容。因此，翻译教材质量的优劣在很大程度上影响着翻译教学的质量。

据统计，1947年到21世纪初，我国已出版了几百部翻译教材①，可以说取得了一些成绩。但是，仍然存在部分翻译教材内容不够系统科学、理论与实践部分匹配不当、将相关理论进行罗列或将例证进行堆砌的现象，还有的译文和体例不够规范。教材中的练习选择过于随意，形式单调，难度等级不清晰、不系统，缺乏人文内涵。特别是有的练习有明显的人工加工痕迹，过分局限于句子、词语的翻译，缺乏真实语境，相关理论解析也不足。出现这种情况，与教材编写者急于求成、教材撰写周期短等不无关系。上述主要为纸质翻译教材

① 蒋继春，王艳红，蒋凤霞．中国口译人才培养策略研究［M］．长春：吉林人民出版社，2015：66.

所存在的问题，没有涉及翻译网站、电子翻译材料、音像资料等。之所以如此，主要是考虑到受教学手段、教学设备等的限制，在英语翻译课堂教学中纸质教材应用较多。随着多媒体时代的到来，人机共存，语言文字与符码并行的翻译形态对教学材料的概念将有很大影响。当前，我国翻译教材还多局限于纸质材料，翻译形式也比较单一，质量尚需提高，这些问题都需要解决。

二、教学理念与方法方面

虽然在基础教育、大学外语教学和英语专业教学中都强调了人本主义、建构主义、认知主义、交际教学、任务型教学等理念，但这些理念在翻译教学中的贯彻似乎还不够深入。在翻译教学实践中，教师往往强调课堂教学，对课外实践活动关注不够。而且在课堂教学中，也主要采取教师讲解，学生练习的形式。一般说来，往往以一本教程为纲，以自选理论材料或翻译练习为辅，在课堂上或者讲授翻译技巧，或者组织学生进行口译与笔译、讨论等活动，或者讲评作业。这一教学方式在一些翻译专业基础课程（如英汉互译入门、口译实践等）中尤为常见。可以说，翻译教学活动相对单调，形式远不够丰富，而且需要教师花费大量时间备课、改作业等，费尽心力但效果不佳，可谓事倍而功半。

另外，翻译教学与现代多媒体教育技术结合不足。众所周知，多媒体、网络环境等的发展为营造良好的教学环境创设了有利条件，提供了更大的选择空间，但在实际翻译教学中，这些设备或资源并未发挥应有的作用，使得翻译教学手段稍显落后。诸多教师即便使用多媒体，也仅仅局限于将其作为“电子黑板”，用来呈现教学内容。信息呈现方式的单调往往带来教师喋喋不休、学生昏昏欲睡的现象，这样就直接影响了多媒体和网络教学的效果。

三、教学评估方面

评估是教学中的一个重要环节。《朗文语言教学及应用语言学辞典》中将评估界定为：“一般是指根据系统收集的资料来评定质量的高低。评估运用定量（如测验）和定性（如观察、定级）以及价值判断等方法。”① 而在翻译教学中，评估无非包括课程、教师、学生、教材等几个方面。换言之，也就是评价课程本身（如教学目标、计划等）、教师（如教学态度、教学质量等）、学

① ［英］Jack C. & Richards. 朗文语言教学及应用语言学辞典（英·汉双解）［M］. 北京：外语教学与研究出版社，2002：163.

生（如学业成绩、学习优势及劣势等）、教材（如内容、形式、编排、功能）等方面。[①] 但一般说来，提到教学评估时往往指对课程和学生的评价。

如果借用教育学中对形成性评价和终结性评价的分界，就会发现在翻译教学过程中多使用终结性评价，很少运用形成性评价。而如果借用语言测试中学业成绩测试（Achievement Test，衡量一个人在某一特定课程或教学计划中所学语言已达到何种程度的测试）、水平测试（Proficiency Test，衡量学习者语言掌握程度的测试，只评估其整体水平而不与特定教程和教学大纲相联系）、诊断性测试（Diagnostic Test，旨在发现学习者对不同方面的知识是否掌握的测试）等的分类，就会发现，在翻译课程的教学过程中，大多只通过学期末的成绩测试对学生的学业成绩进行评估，几乎很少进行水平测试、诊断性测试等，而且也很少对整个课程进行客观科学的反思与评估。众所周知，目前除了学校翻译专业教学中所进行的测试外，还有各种翻译资格考试用来评估学生的语言知识和能力以及翻译知识与能力。例如，全国外语翻译证书考试，包括资深翻译、一级口笔译翻译、二级口笔译翻译、三级口笔译翻译等，这些测试的效度和信度已经得到一定范围的认可，而相应资格证书的“含金量”也在逐步扩大，但也有一些考生反映不同地域的等级证书存在难度和层次等差异，因此，如何使相应考试程序及试题类型更加客观科学值得学界深入探讨。

至于翻译课程的测试，相对而言，过程性评估较少且存在敷衍现象，这不利于及时了解学生翻译过程中知识能力的变化情况。而且在终结性测试中也存在题型单一、主观性过强等问题。学生笔译测试主要以句子和短文翻译为主，口译测试主要以翻译短语和句子为主，均为主观题。这样的测试不够科学客观，因为教师出题时往往有一定随机性，而且有时从平常练习中选取句子或文章做试题。如果有的学生事先复习到了，往往很容易拿高分，不能真实反映学生的水平。即便教师所选文章不为学生所熟悉，教师对译文给分和扣分时要综合考虑语法、用词、理解、表达、衔接、语体等各种因素，而且受“无严格标准、酌情处理”这一传统的影响，往往不能保证完全客观公正。至于翻译专业中各种理论与实践课程的评估，往往也采用论文或者文章翻译等形式，一来检查对翻译理论的理解，二来考核实际翻译能力，无论是何目的，只要采用主观性试题，评分就有一定的主观性。当然，由于培养目标、教材、师资、教学方法等的不同，所采用的评估方式也会有所差别。

总之，如何在翻译专业教学中保证测试和评估的客观公正性，如何提高翻译资格证书的效度和信度等值得相关教研人员深入探索，尤其是不同课型与评

---

① 黄杰辉．对翻译教学评估的几点思考［J］．海外英语，2016（18）：111，121.

估的具体方式、学生需求的有机结合以及试题的具体题型等问题，都需要在翻译教学实践中结合测试理论进行研究，以求切实发挥测试的反馈作用，提升教学效果。

四、师资方面

在英语翻译人才的培养过程中，教师的水平直接影响学生的成才质量，英语翻译教师不仅要具备翻译学的知识背景，掌握英语翻译的理论和技巧，还要充分了解中西方文化的差异。目前高校英语翻译教师缺少翻译实践经历，对翻译教学没有正确的认识，缺乏正确的指导思想，对于翻译人才的培养方案不能够达成共识，教学效果不能够达到预计的水平。大部分教师出身于语言文学专业，没有受过专业的英语翻译训练，缺乏社会和市场意识，不能够充分体现出应用型英语的特色，从而导致学生英语知识掌握不扎实，实践能力比较差，在工作竞争中处于劣势状态，无法胜任工作岗位。

第二节　我国英语翻译专业的定位与任务

一、我国英语翻译专业的合理定位

在理论辩争和市场发展的推动下，在专家学者和广大一线教师、译者等的努力下，翻译已经从三级学科逐步发展为二级学科，而且完善了从翻译学士、硕士到博士研究生的翻译人才培养体系。① 无可否认，我国翻译专业建设已经取得了很好的成绩。但作为一门新兴学科，对其进行恰当定位、分析其在英语教育体系中的地位、所面临的契机与挑战等都将有助于了解该学科的发展态势，促进其全面发展。

第一，确定学科地位，促进翻译专业发展。在传统的英语教育体系中，翻译课程所占份额较小，翻译课教师、翻译教学研究的地位较低，容易被忽略。而随着翻泽学地位的上升，尤其是翻译成为新的本科专业后，已经逐步冲破了语言学、文学等的藩篱，拥有独立的教学研究领域。目前，翻译学还仅是二级学科，相关教学、研究活动尚待进一步发展、丰富和完善，而其地位在一定程

① 庄智象．外语教育探索［M］．上海：上海外语教育出版社，2015：150.

度上也需要得到官方进一步的认可和更大的支持。

第二，抓住发展机遇，适当调整发展规模。我国目前高素质的英语翻译人才比较匮乏，而市场需求量相当大，这是英语翻译专业发展所面临的机遇。面对这一机遇，英语翻译专业有其发展的广泛需求，但具体发展规模、发展趋势等方面的界定需要在市场调研以后进行，同时要充分考虑到其差异性，不可盲目统一设立口译、笔译、机器翻译、同传等专业。如果有的城市（如北京、上海、广东等）对英语翻译人才需求量较大，所在地方院校就可以重点发展翻译专业，并突出地方特色。

第三，分析所面临的挑战，逐步完善翻译专业建设。虽然有的院校有一定的英语翻译办学经验，但毕竟存在摸着石头过河的风险，究竟应该培养哪一类人才，所培养的英语翻译人才能否达到培养目标，是否满足市场需要，都尚待探索和实践检验。众所周知，与市场关系密切的专业往往过分细化，针对性较强，功能性亦相应比较强，容易忽视人文学科教育，缺乏战略考虑。因此，在英语翻译教学中如何充分发挥高校的教育功能，使学生成为德才兼备、知识广博、能力较强的人才，是英语翻译业内亟待考虑和解决的问题。而且在英语翻译行业中，行业标准、行业规范、行业培训等方面也需要进一步强化。诚如鲍川运所言，在英语翻译人才培养的手段和体系方面缺少明确共识，主要是因为很长一段时间内翻译行业没有资格标准。[①] 譬如，目前英语翻译方向或专业很热门，主要表现在选择英语翻译方向的研究生越来越多，大学生的“翻译考证”也越来越热，但如何保证学生的培养质量，如何提高翻译资格证书的可信度、提升其含金量也成为一个不可回避的问题。翻译教学界应尽量尝试在文学翻译和实用翻译、知识拓展和能力培养、理论建设与实践应用、翻译通才教育以及翻译专才教育、学校翻译人才培养和翻译培训等之间寻求平衡，以切实解决目前翻译专业中所存在的问题。

二、我国英语翻译专业的具体任务

（一）人才培养

首先是学制问题。目前国外有的高校除设有翻译本科、研究生教育之外，还设有翻译专科，构成了从专科到博士阶段比较完整的教育体系。但鉴于翻译过程以及翻译教育本身的广泛性和复杂性，2~3 年之内很难保证翻译人才培养的质量，实行 4 年本科教育能够较好地夯实人才的理论基础，使翻译理论与

① 胡庚申．翻译与跨文化交流：嬗变与解读［M］. 上海：上海外语教育出版社，2010：381.

实践密切结合。因此，除非是出于地域性或培训性或特殊需求，建议翻译人才培养还是应以本科为起点，逐步完善从本科到博士的系列教育，包括授予翻译专业硕士学位、开办同等学力翻译硕士班、翻译硕士研修班、翻译博士研修班等。当然，在英语翻译人才培养过程中，高校可以随着市场需求的变化，适当增减招生方向、招生人数。

其次是培养机构。英语翻译人才培养任务多由各高等院校高级翻译学院或翻译系承担，为学院式人才培养。这主要是由于高校相对具有丰富的办学经验、高素质的师资和良好的办学环境。但鉴于英语翻译自身实践应用性较强，与市场结合比较密切，因此可以借鉴理工科的办学经验，加强高校与翻译公司、出版业、外企外贸、外事、旅游等单位的合作，一方面吸纳一些资深译员、翻译家、翻译评论家等兼职担当英语翻译教师，充实师资队伍；另一方面可以为学生提供实战场地，培养其翻译实践能力和知识应用能力，为其专业发展打下更加宽厚的基础；同时充分考虑到学生今后的就业、职业生涯取向，为他们提供更多的职业选择。

最后是培养途径。查有梁曾经提出知识与能力之间的转化机制是“教学做合一”，即手脑并用、个性发展、知行统一；知识与人格之间的转化机制是“真善美统一”，即观点正确、方法科学、情操高尚；能力与人格之间的转化机制是“德才识统一”，即接触社会、研究问题、探索创新。① 在英语翻译人才培养中切实贯彻这些原则，有助于英语翻译通才（兼备语言翻译知识、语言翻译能力、高尚品德的人才）的培养。总的说来，培养形式可实行以下几个结合：一是国内外结合，四年本科最好有半年或一年到所学语言国家学习专业；二是课内外、校内外结合，应该坚持课堂授课与课外实践相结合，四年内应有适当时间的笔译和口译的实习；三是导师负责与小组合作相结合；四是专题讲座与任务探究相结合；五是口试笔试与论文撰写、平时作业相结合，使学生确实做到 know-what，know-who，know-why，know-how，既增长知识，又提升能力。

（二）课程设置

在课程设置方面，杨自俭指出，翻译本科阶段的学习目标是：（1）提高母语和外语的语言文化水平，主要是语言基本功和运用语言的能力；（2）打下扎实的基础知识和基础理论，应分三个部分——中外语言文学的、其他社会科学的、自然科学的；（3）掌握翻译学科本身的本科阶段的基础知识、基础

① 查有梁，查宇．爱因斯坦与教育［M］．成都：四川教育出版社，2008：147.

理论、基本技能。① 刘宓庆更具体地提出翻译系四年制本科生应学的基本知识课，包括：汉英基本语法（包括词法和句法）、普通语言学（包括语言符号学问题）、对比语言学、语义学、文体与修辞学、语言与文化（包括文化符号学）、美学常识、翻译与传播学和翻译与信息技术，此外，还要开设翻译实务、翻译理论和翻译思想史。② 这一观点虽然涉及翻译专业的主要内容，但似乎没有进行系统分类。姜秋霞、曹进尝试将翻译专业课程分为核心课、必修课、专业限选课、任选课、翻译实践5个模块，并提出建构以核心必修课为重点，以专业限选课为中心，以全方位的素质教育为基础，以参与性、个性化培养为特点的系统结构。③ 这一分类虽然便于教学管理，但若从课程自身性质而言，按照知识、技能来描述似乎更容易理解，而且应该强调技能的培养。

在借鉴英语专业课程建设经验的基础上，结合本科翻译专业的培养目标和翻译自身实践性强的特点，可尝试将翻译专业课程分为专业技能课、专业知识课、相关专业知识和技能课三部分，各类型课程的比例大约为65%：10%：25%，相对于教学大纲中的课时比例有所微调，这主要是因为某些相关技能（如心理素质、应变能力、耐久力、抗紧张压力等）对于某些能力（如口译能力）的培养比较重要。总学时安排可以参照英语专业的设置，但基础阶段（一、二年级）学时数相对要多一些，高级阶段（三、四年级）相对少一些，而且可以充分运用跨学科师资和校外资源，为学生提供更多的选课和实践机会。翻译专业技能课和翻译专业知识课中都有必修课和选修课之分，相关专业知识和技能课为选修课，但有些选修课与必修课之间有传承关系，为限选课程。譬如，在大学三年级选修了法律翻译入门，四年级应该选修高级法律翻译以进一步夯实该方向的专业基础。

需要注意的是，第一，知识与技能的划分并非泾渭分明，任何课程都同时具有知识积累和技能培养的功能，无非是侧重面不同而已。第二，所列出的具体课程仅供参考，实际开设的课程应该更加丰富，而且各课程之间应有一定的相关性、连续性和层级性。所谓相关性就是各课程应该构成有机整体，涵盖理论与实践等方面，有助于学生在拓展知识面、提高英语翻译能力方面形成螺旋上升态势。所谓连续性一方面指不同年级的课程之间有一定的传承性，高级阶段的课程是基础阶段课程的延伸或发展，如果三、四年级按专业方向（如新

---

① 杨自俭．关于翻译教学的几个问题［J］．上海翻译，2006（3）：36-40.

② 胡晓姣．对英汉翻译教学的几点思考：刘宓庆先生《翻译教学：实务与理论》再探［J］．牡丹江师范学院学报（哲学社会科学版），2009（5）：107-109.

③ 姜秋霞，曹进．翻译专业建设现状：分析与建议［J］．中国翻译，2006，27（5）：8-13.

闻媒体、法律政务、语言文学、科技文献、金融外贸、教育等）分流，课程设置更应如此；另一方面指不同课程之间应该一脉相通、互相关联，而不能各自为政、缺乏联系。所谓层级性就是基础阶段和高级阶段所开设课程应该符合认知规律，基础性、技能型课程应该先于探索性、理论性课程而开设，如综合英语、英语视听说、英美文化、笔译入门、口译入门、汉语写作、中国文化概论、现代教育信息技术等初级课程适合在基础阶段开设，翻译理论、翻译批评、英美文学、语言学、国际关系等理论性、方向性绞强的课程等适合在高级阶段开设。而有些课程（如同声传译、大会口译等）因难度较大，对知识面和实践能力要求较高而不适合在本科阶段开设，可以在硕士阶段开设。第三，各高校在具体的英语翻译人才培养过程中，可以根据地域、师资、规模、培养目标、办学条件、学生个体差异等实际情况对课程、课型、课时等进行调节，尽量丰富课程类型，完善课程体系，尤其是国学类和实践类课程。

（三）教材建设

1. 教材编写与出版

（1）教材编写

首先，要有先进的教材编写理念，体现教育教学理论发展的成果。在语言教学中，教材编写应当有以下趋向：材料更趋于个性化和地方化，材料运用时有更大的灵活性和创造性，更强调多元文化视角和意识，更强调语言学习的多维方法，更加关注学习者情感因素和个体差异。这些以学习者为主、强调学习方法的趋向在英语翻译教材编写中也应该有所体现，尤其是在英语翻译知识技能性教材的编写中，因为随着人本主义教育理念的普及，教材编写也应该更人性化，要充分考虑学科发展、教师、学习者等的要求。在编写英语翻译专业本科教材时，要在需求分析的基础上，明确人才培养目标纲要，明确具体的课程性质和课程目标，以提高学习者的理论水平和实践技能为本，结合现代教育手段，编写融合理论与实践、兼顾知识和技能的教材。具体说来，编写思路（具体的教学对象、教学内容、教学安排、教学要求等）要清楚，各章节之间衔接自然，逻辑性强；理论阐释要客观透彻，知识点清晰；译文应准确通顺，练习要具有真实性。当然，编者、课程性质、编写目的等因素的差异也会使教材各有不同，如有的强调“知识领先、描写为主”，有的主张“实践领先、规定为主”，有的侧重于理论阐释，有的突出实务训练，无论是哪一种教材，只要其潜在的编写理念符合翻译教育教学规律，能够满足教学需要，有助于发挥学生的主观能动性，提高教学学习质量，都是可以接受的。

其次，教材内容和形式应丰富多样、兼具知识性和实用性，体现英语翻译内在的文化交流功能，考虑教师和学生的个体需求（如认知风格、情感、性格等)。教材（包括主干教材和教辅资源）应该兼顾理论、实践、知识与技能。目前英语专业的必修课程一般都配有教师用书（包括相关论点阐述、教学建议、参考书目、参考译文等)、教辅光盘（包括教学演示、教案）等。在英语翻译专业教材编写中，也要拓展教材的形式，除了纸质教材之外，还要尝试建设电子教材（可供学生在计算机上自学的电子书、网络教材等)、网络教材资源库（包括练习库、相关背景介绍等)、翻译学术网站链接等。就教材本身的内容而言，理论阐述应具有权威性、所援引译例应该广泛多样、有代表性。如编写口译入门教材时，应从功能角度出发，设计具体真实的翻译任务(如商务谈判、合同签署等，并注明该任务的背景、译文的用途等)，既训练了译前准备、笔记、记忆等技能，也指导学习者进行具体篇章分析和翻译，提高其翻译实践能力。

最后，教材编写管理要有严格的操作程序，保证质量。在编写者选择方面，既要突出权威性，也要注重实践性。如果教材由一个人编写，应该选择英语翻译学界的知名专家学者或者中青年学术骨干，具备丰富的教学研究经验和实际英语翻译经验，熟悉本学科的发展动态。如果编写任务由小组承担，则小组成员既包括研究者，也包括一线擅长英语翻译理论和翻译实践的翻译教师和教学论研究者。同时，要注意小组成员之间专业研究方向、特长（如现代教育技术运用）等的合理匹配，使其互为补充与合作，提高编写效率。

（2）教材出版

第一，切实认识并发挥出版社在英语翻译教材建设中的重要作用。随着英语翻译专业教材市场的发展，出版社不能等闲视之，而应该根据经济和社会的发展、市场的需求有所作为，积极探索和预测，应有一定的前瞻性，在听取专家和一线教师意见的基础上，针对英语翻译专业本科、研究生、翻译教师、翻译资格证书考试、翻译培训等不同层次的需求，主动策划选题，组织优秀稿源，与有关专家学者沟通，传递相关信息和市场需求，组织国内外专家学者等编写教材，并提供资金、人力、物力等方面的支持，做好相应英语翻译教材的出版和推介（如借助报刊、网络、电视等媒介）工作，促进英语翻译专业建设。

第二，搞好英语翻译学术交流和教师培训工作。建议出版社支持一些英语翻译学术会议、研讨会、高级翻译培训班、教材培训、教师培训（针对具体翻译教材）等活动，一方面拓展教师视野，帮助教师更好地解读相关翻译教材，更好地理解和领会教材编写者的意图，在教学中正确贯彻，同时，通过与教师的交流获取一定的反馈意见，促进教材的提高与完善；另一方面，了解最新学术信息与动态，为一线教师与专家学者提供学术交流平台。

第三，在英语翻译教材引进与自行编写、学术性和普及性、市场需求与学习者需求之间寻求平衡点。一般说来，教材发行量相对较大，市场占有率较高，而学术性著作虽然有较高的学术价值，但普及性较差。出版社不仅要考虑市场需求，满足市场需要，而且还应该在一定范围内大力支持英语翻译专业的学术研究工作的开展，繁荣学术研究，以促进英语翻译学科的整体水平的提高与发展，以提高带动普及，以普及促进提高，营造欣欣向荣、良性循环的局面。

2. 教材评估与使用

英语翻译教材出版后，就教师和学生而言，应该发挥主观能动性，认真解读教材，理解和领会编者的编写宗旨、教材特点、适用对象等。了解并尝试评估教材，如果经过评估认为该教材符合自己的教学目标和要求，适合学生的需求和水平那就是适用的，就可以选用；如果有部分内容不恰当或不适合，可以考虑改编。

为了对英语翻译教材进行相对比较客观可行的评估，可以尝试从内部评估其内容，看其是否符合课程目标，从外部评估其体例、外观等，看其是否合理规范并有助于实现课程目标。具体说来，进行内部评估时可以先分析目录，从中任选某一章或某一部分，分析其内容深度是否得当、各部分安排是否合理、理论阐释是否清晰、例证是否典型、译文是否准确、练习是否考虑到学习者的需求、是否体现了该教材所声明的特色等等。进行外部评估时可以着重于其体例是否完整（是否有前言、正文、练习、术语、索引、参考文献等），布局是否得当，是否包含辅助材料，是否有音像资料、照片、图表等，印刷是否清楚，文字有无差错等。总之，要综合评估该教材是否符合英语翻译课程目标和课程的要求，是否达到相关测试要求，是否能满足学习者的需求，是否有助于教学相长等。至于编者的背景、出版社的声誉等可以作为辅助性评估因素来考虑，毕竟教材内容是最主要的。

在英语翻译教材评估过程中，一定要强调实际调查的重要性，多方听取反馈意见。也就是说，评估者不仅是教师，还应包括专家、出版人员、学生、家长、社会用人单位等。而且要在一定的理论基础上进行客观的、综合的评估，以确保评估的公正性。

第三节　英语翻译人才培养的具体实施策略

一、翻译工作坊视角下的英语翻译人才培养

（一）翻译工作坊的基本理念

工作坊是基于某个专题进行研究的学习方式，由两个或两个以上的翻译工作者对这一专题进行研究，以达成对原文分析、准确解读、词汇选择等各方面的一致，进而探究出能够被大家广泛认可的一项翻译活动。[①] 经过不断地发展，翻译工作坊从之前的一种探究学习活动发展成了一种教学模式，在这一模式下学生们进行了大量的实践活动，在合作中学习翻译、掌握翻译技巧，在讨论中掌握翻译方法，进而提升自身的翻译能力。翻译工作坊这一教学模式，主张学生积极参与其中，鼓舞学生在实际的翻译中掌握知识和技巧。学生只有经历了大量的实践活动，才能主动参与进来，才能在具体的活动中强化体验。其精神是对传统翻译教学的颠覆，体现了教学的公平、平等，是一种切实有效的教学方式。翻译工作坊这一理念是以实践为主导的教学，突出了学生的主体地位，提高了学生的参与度，推动了翻译专业教学的改革与发展，满足了社会对应用型翻译人才的需求。[②]

（二）基于翻译工作坊的英语翻译教学模式构建

1. 构建的必要性

（1）提升学生学习的兴趣

传统的英语翻译教学受应试教育影响较深，教师较为重视学生学习成绩的提升，忽视了学生在学习中的主体地位，教学内容及教学方式的选择并未充分结合学生的兴趣爱好。翻译工作坊教学模式的构建，将有助于为学生营造良好的学习氛围，充分调动学生的学习兴趣及学习主动性，确保学生自主参与翻译

---

① 肖钧铭．翻译工作坊在大学英语翻译教学中的作用［J］．科技创新导报，2017，14（21）：228，230.

② 朱晓博．校企共建“翻译工作坊”教学模式下高校英语翻译教学创新研究［J］．渤海大学学报（哲学社会科学版），2019，41（3）：147-150.

学习活动。翻译工作坊教学模式将实现教学模式的转变创新，构建出由教师主导转向以学生为主体的教学模式，并满足学生的学习成就感，激发学生的学习兴趣，营造出良好的学习氛围。

（2）提升学生的翻译能力

翻译工作坊教学模式的构建，将确保教学任务是由所有学生共同完成，并针对学生的能力差异、学习需求差异、兴趣爱好差异等因素，将学生进行小组划分，实现因材施教的有效教学。在翻译工作坊教学活动中，英语教师将会安排一定的合作活动、探究活动及小测试等，帮助学生解决英语翻译中存在的障碍问题。例如，“credit”有“诚信、荣誉、贷款、赊账、信用、资质”等意思。采取翻译工作坊的教学模式，将有效避免学生将“credit”翻译成“信用额度”，出现翻译错误的问题。

（3）提高教学的课堂质量

翻译工作坊教学模式的构建，将切实提高英语翻译教学的课堂质量。在翻译教学活动中，实效性是指提高学生的实际学习能力，在职业生涯发展中具备就业能力及竞争实力。翻译工作坊教学目标设定，主要以培养学生的翻译能力为目标，使得学生通过翻译活动完成不同类型的翻译。学生英语翻译能力的提升，取决于众多影响因素，学生需要主修专业的知识获得翻译能力。因此，系统的学习英语专业知识，将帮助学生获得英语翻译实践能力，确保学生在日后的工作岗位上更好地完成翻译任务。

2. 构建原则

（1）合作原则

翻译工作坊教学模式的构建，应坚持合作互动的教学原则，确保翻译课程具有合作性及互动性。首先，翻译工作坊教学模式构建的合作性，是指学生在学习的过程中，通过相互合作完成具有实践性的教学任务。通过在课堂上的默契配合，学生将会完成高质量的英语翻译作品。例如，在语法教学课程之中，通过学生之间的相互配合将降低语法错误出现的概率，减少语言意义传达的歧义问题。其次，互动教学，包含学生之间的互动以及师生之间的互动，打造互动教学课堂，将有助于营造出积极且融洽的学习氛围。

（2）探究原则

现阶段高等院校的英语教学活动，受到众多教学因素的限制，其中包含教学理念、教学方式、教学环境等。在翻译工作坊教学模式下，学生的语言能力缺失问题将会直接反映在其翻译作品之中，学生独立完成翻译任务，较为困难，不利于学生建立英语翻译的信心。翻译工作坊教学模式坚持写作探究的教学原则，将有助于解决学生在翻译中存在的问题，丰富英语翻译的风格、文体、标准、修辞使用等。在翻译工作坊教学环境中，协作探究教学需要学生掌握更加多元化的翻译方式，如增词法、减词法、词类转换等。

（3）实效原则

基于翻译工作坊教学法，英语翻译教学实践存在一定的局限性，即在课堂教学环节中，教师主要为学习者提供有限的翻译知识及翻译技巧，而忽视了课堂教学本身就是翻译工作坊的一种形式。在学生集体翻译的过程中，若教师营造出良好的翻译环境，并给予学生正确的翻译指导，学生将会极大调动起自身的翻译热情与积极性，这十分有利于翻译工作坊教学模式倡导的为学生建立翻译信心的实现，基于此，翻译教学的实际效果也将大大提升。

（三）基于翻译工作坊的英语翻译人才培养的具体路径

1. 坚持市场导向

在基于翻译工作坊的英语翻译教学中，要明确市场需求。尤其是在翻译文本的选择和实际训练上，必须坚持市场为主导的方向，翻译坊的学生们要选择市场资料作为实践材料，这里要注意只能选择公开的资料。在这样的翻译实训下，学生的翻译能力得到了更好的提升与发展。

2. 强化专业性文本知识

在日常的英语翻译教学中，由于翻译文本单一，学生缺乏应用型文本翻译的经验。熟悉一种语言体系及其翻译，需要经过长期的训练和实践，此时学生不能一味盲目地追求自我翻译，在开展翻译前，必须在英语教师的引导下进行文本的学习，掌握修辞的重点以及语法结构，这是翻译工作的必备前提。在英语教师的引导下进行翻译，教师首先要帮助学生明确翻译原则，之后进入讨论环节。由于翻译工作坊的实训有一定的时间限制，其能够实现的最佳效果也只是帮助学生了解翻译知识，让学生一定程度地体验实践，进而真实地感受语言的丰富性，真正的翻译实践能力的提升还要依靠大量的翻译工作实践。

3. 加强校企合作

随着翻译工作坊教学模式在英语翻译教学中应用的进一步深入，需要学生走出学校走向社会，比如到翻译公司进行实习。企业的目标就是追求经济效益的提高，学校办学的目的就是实现学生的发展以及办学效益的最大化，学生的目标便是能够顺利就业。在招聘会上，与初出茅庐的学生相比，企业更加青睐具有一定工作经验的翻译工作者，其不愿意将大量的时间和精力以及资金投入到新员工的培育之中，甚至认为培育翻译工作者是学校的职责。因而，在和翻译公司合作的过程中，学校要寻找和企业的平衡点，为学生争取更多的翻译实践机会。

二、文化转向视角下的英语翻译人才培养

（一）文化转向视角与学生翻译能力培养

翻译能力是翻译人才培养的核心，主要作用是在翻译时筹划步骤，选择合理的方法完成翻译任务，并有效发现翻译活动中存在的问题，从而加以解决。当前翻译人才的培养目标趋于复合性，在参与翻译活动时，实际上运用的翻译技巧是以自身的经验与知识为基础。因此，教师可通过开放式的教学思维，将英语知识与翻译知识进行系统化处理，并对综合性知识进行开发与重组，培养学生语言表达能力与解决问题的能力。翻译策略主要分为三类，分别是增译、减译、改写。任何一种翻译技巧都可以在学生不同能力范畴之列加以引导。可以加强学生对于翻译内容的理解能力之后，从学生自行组织的翻译活动中，了解学生是否具备了这样的翻译能力。为了突出基于文化转向的翻译技巧，并将其应用于实际的文本翻译之中，教师可将学生作为教学的主体，选择文化转向视角下的翻译文本，编撰成册，为课堂教学做准备。在讲解时，教师可引导学生将课堂作为翻译场所，真正融入翻译活动中，结合不同领域翻译文本进行翻译，同时，教师可在翻译前讲解相关文化，给予学生翻译的时间，在积累文化中提升翻译水平。学校可与企业进行合作，为学生营造专业的翻译环境，使其尽快了解翻译活动对翻译人员的需求，并不断提升自我。①

此外，由于文化差异等问题，教师需要引导学生从交际实际出发，选择翻译策略，发挥学生在翻译活动中的主体地位，利用其文化态度，将目标国家文化与源语文化相对比。例如，在翻译鲁迅先生《祝福》一文时，会遇到较多的色彩性词语，如“胖了”在文中指关心的含义，若将其直接翻译为“fatter”，易引起读者的误解，也未能表达出原文表达的真实感情。可利用改写、增译以及标注等策略，凸显文中内容与目标国家文化的差异之处，避免误会的出现。再如，在将英文文章翻译成汉语时，也需注意文化的差异。如“wear the willow”，若将其直译为“戴上柳枝”不仅与原文含义大相径庭，也易导致误解的出现，这主要是由于“戴柳枝”在西方指向死者哀悼，因此需将其翻译成“哀悼”或“感到哀伤”。基于此，在文化界定的基础上引导学生从不同角度审视文化内涵，才能进一步加强学生对于多种文化现象和背景的深度理解，这是增强解读能力和翻译感染力的教学优化方向和革新路径。因此，教师要能够从文化转向角度，进一步支持教学内容的适应性与开发度，为学生

① 全红．高校应用型英语翻译人才培养模式研究［J］．中国人才，2012（08）：148-149.

创建良好的学习环境。

（二）文化转向视角与学生语言转换能力培养

文化转向视角在翻译领域中也具有一定的局限性，如仅从文化属性层面强调翻译的标准与策略，则易形成翻译领域缺少的研究模块。翻译领域的文化转向，也对翻译活动中语言属性与翻译学的研究有所忽视。文化转向视角使得翻译研究者针对翻译学的课程建设进行深入的思考，为翻译领域的拓展与发展提供新的视角，也使翻译教学具有一定的真理性与开放性。因此，教师需将文化转向视角作为教学的基础，同时还需注重学生语言转换能力的培养，既能有效提升学生对英语语音、语法、词汇、阅读等掌握程度，还能提升学生的语言运用能力。教师需在讲课中处理好文化与语言的关系，正确理解文化转向的基本内涵，从而发挥文化转向的长处，规避其短板，使学生在语言运用能力提升的同时，还能提高自身的翻译水平。为此，教师可结合“价值阅读”的策略，为学生提供阅读学习的条件，将阅读与文化相融，在文化情境中学习语言，学生才能在课堂时间有效加深对语言的了解。在进行语言转换时，学生的思维也能得到延伸，语言能力得到提升。教师还需明确语言转换的培养目标，及时调整翻译人才的培养模式，实现文化意识与语言能力的双重培养。

（三）文化转向视角与学生文化能力培养

翻译起源于文化的不同，同时也由于文化的互动而提高了翻译需求。因此，翻译活动无法脱离文化。英语翻译人才要在具体的翻译环境中，结合文化背景、语境以及话题，选取合理、恰当和得体的语言，分析目标语与源语之间的文化特性，了解两种文化的差异与相同点，将两种语言的文化进行对接，从而实现语言信息的连接与转换。如果翻译人才不具备相应的文化素养，仅将两种语言进行直观转换，则无法有效还原原文本的内涵。因此，能够将原文本真实地再现，与翻译人员的文化能力息息相关，甚至有部分学者直接将语言与文化看作同一领域，虽然这样的理论较为偏激，但也不无道理。

文化与语境在翻译过程中随处可见，二者在整体上决定了言语活动的实用性。例如，在翻译汉语成语“爱屋及乌”时，则需考虑西方文化，将其译作“Love me，Love my dog”，即将不同的环境与文化习俗在同一词语的解释层面进行展现。此外，翻译理论着重探讨文化与翻译的关系，认为翻译活动不是仅仅将词汇、句子进行转换，而是转换文化，使译文在目标国家的文化中与原文在本土文化中具有相同的功能。这便需要教师在讲解翻译知识时，进行文化能力的强化训练，利用各类资料进行联系，在具体的语境中进行文化信息的转换，并注重深入挖掘语言中所包含的文化内涵，实现文化与信息的对等，有效提高学生的实践能力，为日后的翻译工作奠定基础。

三、“互联网+”背景下的英语翻译人才培养

（一）创新高校英语翻译教学内容

随着“互联网+”概念推广至教育事业，英语翻译教学不断摒弃传统模式，进而探索更适应于当代学生发展的教育模式。教师可利用网络将课程内容融合进课堂，学生通过微课或视频快速掌握课程知识，提高英语翻译学习的兴趣。学校可以组织教师建立英语翻译学习网站，整理有利于学生学习进展的资料并在网络上共享，优化校园网络环境，为学生营造更有利的学习氛围，提高学生学习的主观能动性。“互联网+”背景下能够利用网络优势提高师生之间互动交流，学生可以随时提问，快速掌握重点、难点，同时能够明确更多社会企业对于英语翻译工作的要求，帮助学生正确看待自己的英语翻译能力，在实践中进行有针对性的强化训练。

（二）开启学生自主学习模式

“互联网+”时代的到来能够给英语翻译课堂教学带来新的机遇，学校应该利用其优势，帮助学生建立优良的学习环境。随着科技的进步，当代学生的生活模式也在改变，电脑和手机已经成为学生日常必备的设备，课堂教学通过微视频的融入，能够激发学生对于英语翻译的学习兴趣，促进学生在课堂上快速掌握知识难点。在传统教学基础上融合互联网教学模式，学生可以在学习过程中获得更大成就感，这也促进了学生自主学习能力的提升。

“互联网+”背景下，学校英语翻译教师可通过课前搜集课程内容，制作重点知识视频，促进学生在课堂上快速理解，给予学生相互讨论的时间，提高学生学习的参与感。学生可以通过互联网环境进行有效学习，课堂教学中教师可提出问题，进而考查学生网络学习的情况，并实施案例讲解，将教材进行透彻分析，构建学生英语翻译的实用性思维，有助于学生尽快就业。学生在课堂上掌握了基本的英语翻译知识，并在课下进行针对性练习，教师对学生学习情况进行综合评价，学生根据教师的评价反思自己的学习成果。这个过程促进了学生自学能力的提升，对课堂知识举一反三，遇到问题可以通过网络与教师进行互动，从而改善学习效果，提高教学质量。① 另外，为了培养学生英语翻译

① 张泾锋．英语语言文学专业翻译人才的培养［J］．牡丹江教育学院学报，2014（02）：88-89.

的实际应用能力，教师应该在“互联网+”背景下进行更多的实景演练，并给予学生有效指导，结合当今社会对于英语翻译人才的需求进行实景练习有助于学生更快地适应工作岗位。

（三）完善英语翻译教学评价方式

在“互联网+”背景下逐渐丰富教学评价方式，摆脱传统单一的英语翻译检测评价方式，不仅要考核学生的基础知识成绩，还应该通过网络搜集学生平时训练的情况，并给予综合评价。多方面地对学生英语翻译能力进行评价，包括实践、情感、心理等方面的综合考查，能够让学生更清晰地认识到自我对英语翻译的学习程度，并有针对性地进行强化训练。另外，还可以组织学生对教师的教学活动做出评分，相互检验以促进英语翻译课堂教学实践的发展。

（四）重视英语翻译专业师资队伍建设

为了提高学生的英语翻译实践能力，必须重视英语专业师资队伍建设，提高教师的专业教学能力，并进行定期培训。学校应注重“互联网+”在英语翻译课堂中的应用，教师需要顺应时代发展，以提高学生英语翻译能力为目的，通过组织探讨教学内容及方法，进一步提高教学质量。更多地借鉴国外教育形式，为教师提供出国考察的机会，创新教学模式，让课堂内容更贴合实际。更新教学理念，在传统教学模式基础上，利用有利条件创建互联网学习平台，促进师生交流，帮助学生提高英语翻译实践能力。

四、立足新时代的英语翻译人才培养

（一）新时代的新气象与英语翻译

新时代带来许多新的气象，主要表现在在以下几方面。

1. 新时代描绘新的宏伟蓝图

新时代中国特色社会主义思想的提出，标志着我国进入社会主义新时代。在新时代，我国梳理清楚“两个百年”路线关系，并描绘新时代的宏伟蓝图，面临全面建成小康社会，建设富强、民主、文明、和谐、美丽的社会主义现代化强国的任务。在新时代，我国既要向世界诠释我国新的宏伟蓝图，还要对过去的发展经验，尤其是改革开放四十多年以来的发展经验进行总结，为世界发展提供中国样本，宣传中国智慧，为世界的和平与发展继续贡献自己的力量。

2. 新时代深化改革，扩大开放，加深中国与世界的联系

新时代，我国提出深化改革、扩大开放的重大战略决策。尤其是在改革开

放四十余年的节点上，进行再开放，进一步降低外商投资限制，降低整体关税水平，扩大进出口贸易，努力推进贸易自由化和经济全球化。在这样的背景下，我国深入推进“一带一路”倡议，同“一带一路”沿线国家进行广泛而深入的合作，构建人类命运共同体。当然，我国也面临着更加复杂的国际环境，面临贸易保护主义的威胁，面临“一带一路”沿线国家和全世界对我国政策和倡议的误解。在这样的背景下，我国需要复合型的翻译人才，向全世界阐释中国的改革开放政策，推动自由开放的全球贸易体系建设。

3. 新时代人民日益增长的美好生活需求带动国际翻译

在新时代，我国人民日益增长的美好生活需求带动越来越多的国际贸易和国际旅游。在消费升级和对美好生活的追求下，我国越来越多的人民需要购买高级化妆品、品质较高的服饰，还有对国外不同消费口味的消费品的尝鲜体验，越来越多的游客想出国旅游，此时就需要英语人才翻译这些消费品的说明书，翻译不同国家的旅游流程、消费水平等，带动日常翻译的兴起。

这些新气象，意味着英语翻译人才巨大的需求。虽然我国高校将大学英语作为必修课，不少高校也开设英语专业，但是整体上培养出来的人才不能满足国际化、专业化英语翻译的需要，导致翻译人才面临较大的缺口。国际化、专业化的英语翻译人才要具备英语专业翻译知识、国际文化素养以及具体翻译对象的逻辑思维，如工程翻译要具备工程思维、建筑翻译要有建筑思维等。新时代的英语翻译人才要重点考察翻译知识的多元性和全面性，能够适应不同的国家、不同的内容翻译。新时代的英语翻译人才要朝着复合型的方向努力，英语翻译教学更要在教学理念、目标、教材、教学方法上有所改进。由于翻译的全面性，新时代的英语翻译教学要能够借助一切有利的教学工具进行教学创新，如慕课教学与人际辅助教学方式的运用，将教学进行时间和空间的延伸。

（二）新时代英语翻译人才培养存在的问题

1. 当前英语翻译人才对新时代特有术语翻译不够准确

新时代对外宣传、促进国际贸易合作和文化交流的需要，致使众多新的术语需要翻译。这些新的术语包括“人类命运共同体”“两个一百年”等。当前英语翻译人才由于对我国新时代的政策、发展经验以及国际交流话语体系理解不够准确，以及对我国源远流长的文化积累不够扎实，因此对新时代特有的术语翻译不够准确。一方面，对我国新时代特有术语，在英语里难以找到对应词汇的，不知如何翻译，翻译的准确性和质量不高，甚至存在误读现象；另一方面，不能准确传神地表达汉字的文化意蕴，如“新丝绸之路”，虽然可以按照字面意思翻译成“The New Silk Road”，但是从英文翻译里并不能发现这是

“政治互信、经济融合、文化包容”之路。只有对丝绸之路历史能理解的外国友人才能晓得这句话的确切含义。可见，在新时代，对于特有术语，需要结合中文和英语的语言、历史文化进行创新性翻译，准确和传神地表达话语背后的真实意蕴。

2. 卓越全面型英语翻译人才培养不到位

新时代英语翻译人才需要处理的翻译，涉及面广，行业众多，如文化翻译、旅游翻译、商务翻译等，既需要中译英，还需要英译中。这就要求英语翻译人才掌握多方面的知识，成为卓越的全面型人才。当前，英语翻译人才培养主要关注跨文化交际和日常交际翻译，对于专业性翻译涉足不多。虽然外语教育界也提出卓越复合型英语翻译人才的培养建议，认可“外语+专业”或者“专业+外语”的方式培养翻译人才，但是这种复合型英语翻译人才往往精通的是某一行业或某一专业的翻译，对于新时代的英语全面型翻译并不能够胜任。如“一带一路”倡议下对外合作，要翻译的文件涉及合作对象所在区域的经贸、税收、法律、生态保护等众多规定。企业出于对人力资源成本的控制，聘用的翻译人才数量有限，翻译人才的翻译能力不一定要专精，但一定要全面，能够胜任不同内容的翻译。当前高校培养的英语翻译人才只对某一方面的翻译足够熟悉，往往造成培养的翻译人才与企业的实际需求相脱节，这就要求高校进行教学内容和教学课程的创新，重视多元翻译能力的培养。

（三）新时代英语翻译人才培养的具体路径

1. 对新时代特有术语进行重点训练，提升翻译准确性

新时代涌现出越来越多中国特有的术语。这些术语在英文里找不到对应词汇，学生在翻译时有些无从下手。为了提升学生的翻译水平，教师应当对新时代特有的术语进行重点训练。对于教师而言，首先要让学生准确理解新时代以及有关术语的含义，避免误读，这就要求教师具备浓厚的中国文化积累。如对“一带一路”倡议的形容：大道致远，海纳百川。既要传神翻译出“一带一路”倡议的高瞻远瞩、高屋建瓴，展现中国的智慧和方案，也要表达出谦虚、合作和包容的气质，让外国友人既佩服又尊重，对愿景共同向往，对合作共同参与。其次，要加强新时代特有术语的翻译训练。教师可精选那些既具有中国特色，又具有中国文化韵味、汉字意蕴的术语和句子对学生开展翻译训练。教师可采用头脑风暴的方式，以项目团队合作的方式，让学生自由讨论、自由发挥、自由翻译。教师对学生翻译成果进行点评，并提供政府部门的标准化翻译例子以供比较。

2. 推动全面型英语翻译人才培养

为了满足新时代英语翻译的需要，高校英语翻译人才培养应当转向卓越全面型。这要求英语翻译教学不能仅仅停留在跨文化交际，还要扩大到财务、法律、贸易、旅游等方向。但是也要意识到英语翻译人才培养是适应不同情境的综合翻译，不需要转向难度更高的专业翻译。因此，高校的卓越全面型培养要把握度，在宽度与深度间取得平衡。卓越全面型英语翻译人才的培养，高校需要调整英语翻译课程，适当增加财务、法律、贸易、旅游以及本校优势学科、优势专业内容的翻译。增加的翻译内容要根据学生的翻译需要，进行通识翻译课程设置，并根据学生的职业发展需要设置翻译选修课。考虑到英语翻译的综合性，高校英语翻译教学不仅要重视课堂教学，还要引导学生在课后加强自主学习。教师要引导学生通过在线网站以及翻译机器进行辅助学习和辅助翻译，多进行翻译训练。与英语翻译训练相对应的，学生应当进行广泛阅读，尤其是与英语翻译技巧相关的阅读更要给予重视。另外，学生重视英语翻译的工具价值的同时，还要注重个人翻译素养的提升，进行翻译创新，以著名翻译家为榜样，追求翻译的突破。

3. 加强双向训练，提升翻译的地道性

为了提升学生的翻译能力，以适应新时代的翻译需要，高校的翻译教学要高度重视双向翻译训练。首先，要设置专门的中译英课程，进行中译英的训练。这些训练要包括中国文化积累和翻译，新时代特有术语的翻译，中国的财经、法律、贸易政策等翻译，努力将日常跨文化交流翻译与对外传播、经贸合作的翻译有机结合起来。高校在进行中译英训练时，要多向学生介绍一些国外汉学家的翻译，指出其翻译的高明之处，同时指出翻译的不足，供学生体验和感悟。要让学生避免中式英语，并提升翻译的流利性和地道性。其次，要加强英译中的训练。由于语言是沟通的桥梁，文化是交流的纽带，因此英译中时应当多涉及文化翻译，同时辅以财经、法律、社会政策等内容的翻译，以提升翻译的全面性。

参考文献

[1] 卢彩虹．传播视角下的外宣翻译研究［M］．杭州：浙江工商大学出版社，2016.

[2] 郭虹，李群，李思潇．新闻传播学英语［M］．上海：复旦大学出版社，2013.

[3] 王明华，陈敏毅．国际传播论文集 第 14 辑［M］．北京：中国国际广播出版社，2013.

[4] 王芳．文化传播美学与诗歌翻译［M］．成都：电子科技大学出版社，2009.

[5] 邢博．国际传播论文集 第 19 辑［M］．北京：中国国际广播出版社，2018.

[6] 金勇，李烨辉，侯福莉，张潇予．外国语言传播理论与实践［M］．北京：中国广播影视出版社，2016.

[7] 任一鸣．文化翻译与文化传播 蒋彝研究［M］．上海：上海社会科学院出版社，2018.

[8] 李佐文，严玲．外国语言文化传播研究 第 1 辑［M］．北京：中国传媒大学出版社，2018.

[9] 吴谷平．媒体转型期的新闻传播学研究［M］．上海：上海交通大学出版社，2013.

[10] 蔡帼芬．国际传播与对外宣传［M］．北京：北京广播学院出版社，2000.

[11] 陈雪松，李艳梅，刘清明．英语文学翻译教学与文化差异处理研究［M］．西安：西安交通大学出版社，2017.

[12] 尚宏．文化传播与翻译［M］．开封：河南大学出版社，2008.

[13] 黄亚丽．传播学与商务翻译［M］．延吉：延边大学出版社，2018.

[14] 金惠康，罗进德．跨文化旅游翻译［M］．北京：中国对外翻译出版公司，2006.

[15] 胡庚申．翻译与跨文化交流 互动与共生［M］．上海：上海外语教育出版社，2015.
[16] 吕俊，侯向群编．翻译学导论 第2版［M］．上海：上海外语教育出版社，2012.
[17] 高华丽．翻译教学研究：理论与实践［M］．杭州：浙江大学出版社，2008.
[18] 刘红艳，刘明宇．外语教学及话语翻译研究论文集［M］．北京：知识产权出版社，2018.
[19] 周兴华．翻译教学的创新性与前瞻性体系研究［M］．长沙：湖南师范大学出版社，2018.
[20] 雷红燕．外语类高职院校应用型翻译人才培养体系的研究［J］．才智，2020（16）.
[21] 孙敏．高校英语教学中英语翻译人才的培养研究［J］．现代交际，2020（10）.
[22] 李成吉．论商务翻译中的形合与意合——以产品说明书翻译为例［J］．现代商贸工业，2020，41（18）.
[23] 陈袖梅．跨文化视角下新闻翻译策略探析［J］．海外英语，2020（10）.
[24] 陈少丹．浅析商务英语翻译中文化差异现象的解决策略［J］．英语广场，2020（14）.
[25] 王坤枫．试论文化语境对科技英语翻译的制约［J］．太原城市职业技术学院学报，2020（04）.
[26] 袁茜婷．法律英语翻译过程中文化差异的影响研究［J］．海外英语，2020（08）.
[27] 张瑞．论国际商务英语翻译的多元化标准［J］．中国多媒体与网络教学学报（上旬刊），2020（05）.
[28] 吕艳宁．科技英语翻译的现状与对策研究［J］．才智，2020（10）.
[29] 梁华蓉．科技英语翻译中变译理论的实效性研究［J］．沧州师范学院学报，2020，36（01）.
[30] 姚晶晶．浅谈商务英语的特征及其翻译方法［J］．中外企业家，2020（08）.
[31] 管艳郡．文化差异视域下商务英语翻译障碍与对策［J］．南阳师范学院学报，2020，19（02）.
[32] 黄琴．文化差异背景下的商务英语翻译人才培养策略分析［J］．就业与保障，2020（02）.

[33] 杨宗洁. 科技英语翻译理论和实践的关系及应用初探 [J]. 海外英语, 2020 (02).
[34] 孟洁. 科技英语翻译中存在的主要问题以及应对技巧 [J]. 文化创新比较研究, 2020, 4 (03).
[35] 赵亮. 跨文化视角下高校英语翻译人才培养策略探究 [J]. 智库时代, 2020 (03).
[36] 赵宝莹. 新闻热词翻译技巧对英语新闻传播的重要性分析 [J]. 采写编, 2019 (05).
[37] 王纪红. 科技英语翻译教学的多元角色参与范式 [J]. 考试与评价（大学英语教研版）, 2019 (04).
[38] 曾帅. 经济全球化背景下的新闻英语语篇特征与翻译策略分析 [J]. 英语广场, 2019 (07).
[39] 刘秀娟. 科技英语翻译及理论探索 [J]. 英语教师, 2019, 19 (12).
[40] 杨智新. 跨文化交流视角下的新闻英语翻译 [J]. 新闻战线, 2019 (10).
[41] 樊慧燕. 法律文化语境下的法律英语翻译原则及策略研究 [J]. 淮海工学院学报（人文社会科学版）, 2019, 17 (05).
[42] 王昊堃. 对新闻英语翻译与跨文化意识问题的解析 [J]. 英语广场, 2019 (03).
[43] 燕频. 对新闻英语翻译与跨文化意识问题的思考 [J]. 西部广播电视, 2019 (05).
[44] 郑元珂. 新时期对外英语新闻翻译及传播效果研究 [J]. 新闻战线, 2019 (02).
[45] 杨雯. 基于法律文化语境的法律翻译原则与策略分析 [J]. 法制博览, 2018 (36).
[46] 吴立芳, 曾婷. 试析英汉法律文化差异对法律翻译的影响 [J]. 现代交际, 2018 (23).
[47] 刘益言. 英汉法律翻译语言的本土化研究 [J]. 湖北开放职业学院学报, 2018, 31 (21).
[48] 逄晶, 高明乐. 法律英语翻译的中西文化差异解析和思考 [J]. 海外英语, 2018 (05).
[49] 丁富彦. 法律英语翻译的原则和技法 [J]. 文学教育（下）, 2018 (02).
[50] 王丽波. 新媒体语境下商务英语翻译传播特征研究 [J]. 新闻传播,

2017（16）.
[51] 王卓恒．从语篇分析看经贸英语翻译策略［J］. 劳动保障世界，2017（21）.
[52] 杨根培．从食品说明书翻译看文化因素在商务英语中的传播［J］. 桂林航天工业学院学报，2016，21（03）.
[53] 雷鸣．传播学视角下的旅游网站翻译［D］. 上海：上海师范大学，2016.
[54] 何东．新闻热词翻译对英语新闻传播效果的影响［J］. 新闻战线，2016（08）.
[55] 杨雯．透视英语翻译策略的发展趋势［J］. 科技创新导报，2015，12（14）.
[56] 朱梦．新闻传播中英语地名翻译探讨［J］. 科技传播，2015，7（10）.
[57] 张淑霞，李永宁．基于旅游文化传播的高职《商务英语翻译》教学——以温州为例［J］. 前沿，2014（Z1）.
[58] 王霓．英语新闻传播的文化价值探析［J］. 中国报业，2011（24）.
[59] 任凌云．试析中英新闻翻译中的原则和策略［J］. 科技信息，2011（35）.
[60] 段鹏．传播学基础 历史、框架与外延［M］. 北京：中国传媒大学出版社，2013.
[61] 吉冰冰．传播学视角下英语新闻标题的汉译研究［J］. 魅力中国，2019（18）.
[62] 杜恒．基于传播学视角的英语新闻标题翻译艺术［J］. 智库时代，2017（12）.
[63] 李理．网络英语的传播学特点及影响［J］. 科技与创新，2017（10）.
[64] 郑阳．传播学视角下的翻译实践探讨［J］. 英语广场，2015（5）.
[65] 郭勤．从传播学的视角看新媒体时代下译者的挑战［J］. 校园英语，2019（34）.
[66] 李理．从传播学角度探讨网络英语的成因及发展［J］. 大众科技，2017，19（3）.
[67] 王璇．大学英语课堂教学的传播学探究［J］. 学周刊，2015（4）.
[68] 张兴福．浅谈传播学效果论与英汉口译［J］. 海外英语，2014（9）.
[69] 程敏，王晓．传播学视域下英语教师的角色定位［J］. 英语教师，2016，16（7）.
[70] 万宗琴．传播学视角下的英语语言教学［J］. 新闻战线，2014（11）.

[71] 任孝瑜．传播学视角下的高校网页翻译模式研究 [J]．英语广场（学术研究），2014（12）．

[72] 陈曜．新闻英语翻译理论及翻译中的“雅” [J]．考试周刊，2007（25）．